Karl Napf

Der Schwabe als solcher

Karl Napf

Der Schwabe als solcher

Eine heitere Charakterkunde

Mit 14 Zeichnungen
von Mechtild Schöllkopf-Horlacher

Silberburg-Verlag

Karl Napf heißt mit bürgerlichem Namen Ralf Jandl. 1942 geboren und in Vaihingen an der Enz aufgewachsen, studierte er in Tübingen Jura und war ab 1975 im baden-württembergischen Staatsministerium und dann bis zu seiner Pensionierung im Wissenschaftsministerium tätig, zuletzt als Ministerialrat. Er hat mehr als ein Dutzend Bücher mit Anekdoten, Glossen und Geschichten aus dem schwäbisch-ländlichen Umfeld verfasst, außerdem Hörspiele, Sketche und Theaterstücke. Er ist verheiratet und lebt in Nordstetten, einem Stadtteil von Horb am Neckar.
www.karlnapf.net

1. Auflage 2012

»Der Schwabe als solcher« ist zuerst 1994 im Konrad Theiss Verlag, Stuttgart, unter der ISBN 3-8062-1121-3 erschienen.
Umschlaggestaltung: Anette Wenzel, Tübingen, unter Verwendung einer Zeichnung von Mechtild Schöllkopf-Horlacher.
Druck: Freiburger Graphische Betriebe, Freiburg im Breisgau.
Printed in Germany.

ISBN 978-3-8425-1221-4

Inhalt

Vorwort

Mit dem vorliegenden Band »Der Schwabe als solcher« vollendet Karl Napf seine Schwaben-Trilogie, die 1984 mit »Der fromme Metzger« begonnen hat, 1989 mit »Der neue Schwabenspiegel« fortgesetzt wurde und jetzt ihren Höhepunkt und Abschluß findet.
Freilich, das Thema wäre unerschöpflich! Noch immer schlagen die württembergischen Chromosomen durch, und vor allem der ländliche Raum bietet auch heute noch schöne Beispiele für das Leben nach den alten württembergischen Tugenden. Nachdem es weltweit Mode geworden ist, sich »fundamental« zu orientieren, wäre gewiß auch ein »schwäbischer Fundamentalismus« als Rezept für die Zukunft angebracht. Zwar gilt es heute nicht mehr, »Brettle« zu bohren, aber das Nachvollziehen elektronischer Schaltungen erfordert nicht weniger Zähigkeit und Fleiß. Auch das Sparen und das ökologische Denken sind eng verwandt. Man braucht es ja nicht gleich so zu übertreiben wie ein Landwirt, der unbedingt am Freitag um 21 Uhr heiraten wollte, weil er sonst zweimal duschen müsse. Karl Napf hat die alten württembergischen Tugenden in den späten vierziger und fünfziger Jahren in Vaihingen/Enz noch in voller Blüte erlebt und war und ist stark davon berührt. Mit Erstaunen kann man

nur feststellen, daß seither jahrhundertalte Bräuche, wie etwa die Unterscheidung zwischen »Werktagskleidung« und »Sonntagskleidung«, »Werktagsessen« und »Sonntagsessen«, die streng eingehalten wurden, in nur einer Generation spurlos verschwunden sind. Die Zukunft erst wird es weisen, ob dies ein Fortschritt war oder ob wir nicht besser alle wieder zu einer bescheidenen Lebensform zurückfinden sollten.

Karl Napf dankt hier den vielen Lesern und Hörern, die vor allem unmittelbar nach Lesungen köstliche Anekdoten berichteten, sehr herzlich aber auch Frau Christel Köhle-Hezinger für ihre Informationen über das Verhältnis von Katholiken und Protestanten in Württemberg und Klaus Koziol für Wissenswertes zur Verwaltungsgeschichte Württembergs. In dankenswerter Weise hilfreich war mir auch ein Beitrag des »Spiegel« zur Todesursache Thaddäus Trolls und der Depression als »Schwäbischer Krankheit«. Für die folgende Lektüre gelte aber die Napfsche Devise »vorwiegend heiter«!

Der Schwabe als Schaffer

»§ 1 Der Mensch ist zur Arbeit geschaffen.
§ 2 Arbeit ist ein großer Segen für die Menschen. Regelmäßige Arbeit stärkt unsere Gesundheit, weckt und vermehrt die Kräfte des Leibes und der Seele, ordnet unsere Gedanken und Begierden, macht heitere und frohe Menschen.«
Man erkennt an diesen Sätzen unschwer, daß sie weder in der Zeit der »68er« noch im Yuppie-Zeitalter der achtziger Jahre entstanden sind. Richtig ist, daß sie am Anfang einer Schrift des Pfarrers Kohler aus Birkach aus dem 18. Jahrhundert stehen und reinsten pietistischen Geist formulieren. Wer so ein Verhältnis zur Arbeit hat, wird freilich im Himmel auch belohnt. Konsequent heißt es daher in § 7 der Kohlerschen Schrift: »Thätigkeit und Geschäftigkeit im Guten, die man sich hienieden angewöhnt hat, wird noch einen heilsamen Einfluß auf unseren Zustand in der Ewigkeit haben. Ruhe von ermüdenden beschwerlichen Arbeiten, nicht aber Müßiggang, ist den vollendeten Geistern im Himmel verheißen . . .«
Also, wer denkt, im Himmel werde gefaulenzt, liegt daneben. Kein Wunder, daß dieser pietistisch-protestantische Fleiß in ganz Europa zu einem reichen evangelischen Norden und einem eher armen katholischen – aber le-

bensfroheren – Süden führte und daß diese Teilung auch für unser Land Württemberg noch immer kennzeichnend ist. Noch ganz im selben strengen Sinne heißt es auch bei Friedrich Schiller: »Arbeit ist des Bürgers Zierde, Segen ist der Mühe Preis.« Ein Satz, der lange eine Hauswand in Bad Cannstatt zierte, heute aber leider verschwunden ist. Geblieben ist im Lande freilich die Regel, daß Ansehen nur hat, wer etwas »schafft«. So ging bezeichnenderweise auch die Eingliederung derjenigen Flüchtlinge nach dem Krieg am schnellsten, die sich als Schaffer profilierten und möglichst bald ein Häuschen bauten.

Vor diesem Hintergrund ist es leicht verständlich, daß im Stuttgarter Schloßgarten einmal fast eine Panik ausbrach, als ein Reporter des Süddeutschen Rundfunks dort die gemütlich auf den Bänken Sitzenden mit der Frage konfrontierte, ob sie eigentlich nix zum Schaffen hätten. Die Ausreden waren eindrucksvoll: Keiner gab zu, daß er gerade nichts zu tun habe und nur ausruhen wolle. Auf der gleichen Linie liegt es, wenn zum Beispiel ein schwäbischer Politiker über die Königstraße geht und den anderen Passanten unterstellt, daß sie nichts zum Schaffen hätten; dabei übersieht er freilich, daß er aus deren Sicht selbst auch dieser verdammenswürdigen Gruppe zugehört. Bei solchen Einschätzungen wundert es nicht, daß in Württemberg auch der, der gar nichts macht, dies quasi sehr geschäftig tut, wie ein kluger Beobachter feststellte. Ein Beispiel dafür waren in den württembergischen Dörfern bis vor kurzem noch die alten Männer im blauen Schaffschurz, die zwar fast nichts mehr taten, aber noch sehr arbeitsam wirkten.

Dementsprechend gilt auch als höchstes Kompliment des

von der Arbeit heimkehrenden Mannes: »Mariele, du siehscht arg abg'schafft aus.« Deshalb braucht man einer Schwäbin auch nicht zu sagen, daß sie sich für die Rückkehr des Mannes etwa schminken und »richten« solle; Kittelschürze und Kehrwisch sind, zumindest auf dem Lande, noch immer der beste Schmuck. Etwas arg trieb es freilich der Gastwirt aus dem Remstal, der nach einer lebensbedrohlichen Operation aus der Narkose erwachte und seine Frau, die voller Sorge an seinem Bett ausgeharrt hatte, mit den Worten begrüßte: »Ja wie, hosch du nex zom Schaffa.«

Interessanterweise hält sich dort, wo noch richtig geschafft wird, eine geradezu subversive Volksmoral. Auf Baustellen zum Beispiel kann man hören: »Arbeit macht das Leben süß, Faulheit stärkt die Glieder.« Die Regel: »Wo man schafft, da ißt man auch«, stammt wohl aus der Dienstbotenzeit, gilt aber noch heute bei Hilfsarbeitern. Genauso richtig sein dürfte der Satz: »Wie man schafft, so ißt man auch«, wobei sich die schnellen Esser häufig vorhalten lassen müssen, »schnell und schlabbig« zu schaffen. Als geradezu partisanenhafte Untergrabung der württembergischen Arbeitsmoral müssen dagegen Grundsätze gelten wie »Am liebschte komm i da no, wo scho gschafft, aber no net gveschpert isch«, oder gar »Z'erscht amol gveschpert, gschafft isch no schnell.« Wobei freilich richtig sein dürfte, daß den Württembergern das »Veschper« doch noch lieber als die Arbeit ist, was sie aber nur menschlich macht.

Trotz der richtigen Erkenntnis: »Lieber en Fenger voll ghandelt, als en Arm voll gschafft«, hat das höchste Ansehen im Lande, wer mit der Hand am Arm schafft. Dem-

entsprechend wird die geistige Arbeit im Volke nicht so hoch bewertet. So mußte sich ein Reporter des Südwestfunks, der einen Bauern auf der Alb interviewte, anhören: »So scheeh wellt i's au han, 's Geld mit der Gosch verdiene.« Auch unter den Gogenwitzen gibt es ja für die Mißachtung der Gelehrsamkeit von Professoren und Studenten zahlreiche Belege.

Große Angst, als »Nichtstuer« zu gelten, haben daher auch die schwäbischen Beamten. Wer den Spruch kennt: »Sie send au net vom Schaffa so braun«, wird die Erregung eines Beamten des Innenministeriums verstehen, der auf dem Hauptbahnhof von einem Kollegen auf sein gutes Aussehen angesprochen und gefragt wurde, ob er denn in Urlaub gewesen sei. Geradezu wütend wurde dem Frager bekundet, man mache seit Wochen nur noch Überstunden und komme nicht einmal am Wochenende ins Freibad.

Insgesamt ist aber festzustellen, daß der Einfluß des Pietismus auf die Arbeitsmoral selbst in Altwürttemberg nachgelassen und die Freizeitgesellschaft auch hier viele Anhänger gefunden hat. Die Generation der Erben hat wohl bemerkt, daß die fleißigste Arbeit vom Zins verrichtet wird, der sich keinen Sonn- und Feiertag leistet und selbst die ganze Nacht durcharbeitet. Und so ist in mancher Bilanz vom »Schweiße des Angesichts«, in dem nach der Bibel das Brot verdient werden soll, nichts mehr zu spüren.

Noch immer aber gibt es in unserem Lande Beispiele herausragenden Arbeitsverhaltens, die anderswo nicht denkbar wären. Wo sonst wäre ein Bauer vorstellbar, der nachts um 2.50 Uhr beim Pflügen seines Ackers wegen

des damit verbundenen Lärms von der Polizei gestellt wird und schlicht erklärt: »Morge isch Feiertag und vorher will i no mei Sach schaffe . . .«
Ein Held der Arbeit auch jener schwäbische Maurer, der im Mallorca-Urlaub mit den Leistungen seiner spanischen Kollegen nicht zufrieden war. Erst zog er als Lehrstück eine Mauer hoch, und dann erschien er für den Rest seines Urlaubs jeden Tag auf der fremden Baustelle und mauerte wie daheim. Ein echter Schwabe braucht schließlich immer ein Geschäft, und wenn's im Urlaub ist.

Der Schwabe als Sparer

Das am meisten verbreitete Stereotyp neben dem Spätzle essenden Schwaben ist wohl das des sparsamen Schwaben. Dabei denken wenige daran, daß den alten Württembergern früher gar nichts anderes übrigblieb, als extrem sparsam zu sein, wenn sie überleben wollten. Gab es doch im Lande weder Rohstoffe noch nennenswerte Industrie. Die Landwirtschaft warf vor allem im Schwarzwald und auf der Alb wenig ab, und Mißernten führten immer wieder zu furchtbaren Hungersnöten, welche die Menschen scharenweise zur Auswanderung trieben. Daß aber die Schwaben, auch als es ihnen besserging und sogar heute noch, da es den meisten gutgeht, an der Sparsamkeit festhielten und -halten, scheint fast ein Beweis für die These des sowjetischen Forschers Lyssenko von der Vererbbarkeit erworbener Eigenschaften zu sein. Tatsächlich ist es wohl eine Folge des beharrenden Elements von Sitte und Brauch. Kaum erklärlich wäre sonst das Verhalten einer Heilbronner Millionärin, die, als ihr der Metzger den Preis für Bündner Fleisch nannte, knapp erklärte: »Dann ischt des kei Esse für donnerschtags.« Die alte Einteilung in Werktagsessen und Sonntagsessen, Werktagskleidung und Sonntagskleidung, die bei dieser reichen Frau noch nachwirkte, ist für die breite Bevölkerung in nur einer Generation nivelliert worden, und »Pommes frites« und »Blue jeans« scheinen für viele sowohl an Sonn- wie Feiertagen angemessen. Insbesondere reiche Leute üben hierzulande noch immer eine Sparsamkeit, die anderswo kaum toleriert oder offen als Geiz bezeichnet würde. So pflegte ein auch privat sehr vermögender hoher Stuttgarter Ministerialbeamter sich auf Dienstreisen stets mit seinem Vorzimmer verbinden zu lassen, um nach einigen dienstlichen Bemerkungen seine Sekretärin in einem langen Gespräch ausführlich zu informieren, was sie alles an seine Frau – im Ortsgespräch – weitergeben solle.

Von Politikern ist bekannt, daß sie zu ihrem 60. Geburtstag die halbe Region einladen, wegen der hohen Kosten aber jedem Gast zehn Mark Eintritt abknöpfen, was zum Beispiel in Düsseldorf wohl kaum vorstellbar wäre. Da fällt es schon nicht mehr auf, wenn ein Mitglied des Landtags sich regelmäßig von im Zug mitfahrenden Beamten die »Stuttgarter Zeitung« ausleiht, weil sich für ihn als einfachen Abgeordneten dieses Blatt nicht lohne.

Kaum glaublich, aber wahr ist auch die Geschichte jener Stuttgarter Millionärsfamilie, deren Mitglieder sich per Vertrag ein Heiratsverbot auferlegten, um ihr Vermögen zusammenzuhalten. Als eine Schwester dann doch einem Heiratsschwindler aufsaß, wurde sie nach der Scheidung gnädigst wieder im Familienverband aufgenommen – aber als Putzfrau. Der Millionär weiß auch, was ihm zusteht, schließlich zahlt er seine Steuern und Abgaben, und so findet er nichts dabei, wenn seine Tochter nach ein paar Jahren Berufstätigkeit mit BAFöG studiert. Vor solch einem Hintergrund wundert es nicht, daß der dem schwä-

bischen Judentum entstammende Albert Einstein erklärte, die beste Erfindung der Welt sei das Gesetz von Zins und Zinseszinsen gewesen.
Das Sparen der kleinen Leute nimmt sich bescheidener aus und entbehrt manchmal nicht der Komik, wie zum Beispiel bei der Hausfrau, die sich trotz vollen Haares eine Perücke kaufte, um den Friseur zu sparen. Insbesondere ältere Landeskinder freut ein noch einmal verwertbarer Briefumschlag oder gar eine von der Post versehentlich nicht gestempelte Briefmarke mehr als ein schöner Sonnenaufgang; wird doch das Sparen im Alter manchem zur Marotte.
Konsequenterweise sind gerade Württemberger oft gute Betriebswirte und scharf rechnende Kaufleute. Nicht jeder setzt sich freilich dabei über religiöse Bedenken hinweg wie der Buchhändler am oberen Neckar, der für einen Büchertisch zur Lesung von Karl Napf den Blumenschmuck aus der Kirche geholt hatte und ihn nach der Lesung wieder dorthin zurückbeförderte. Karl Napf und wohl auch der liebe Gott haben es ihm verziehen. Zu einer moralischen Zerreißprobe wurde es freilich für eine schwäbische Familie, als im sündhaft teuren Hallenbad die Lautsprecherdurchsage mitteilte, in zehn Minuten stünde das Bad den FKK-Freunden zur Verfügung, während man selbst doch erst fünf Minuten gebadet hatte. Geld oder »Moral« hieß da die Frage, die der Familienvater schließlich mit den Worten entschied: »Jetzt ziehe mir halt d' Hos aus und badet's ab.« Im »vornehmen« Norden kaum denkbar ist auch ein Tübinger Biologe, der in den sechziger Jahren dort als »promovierter Aasfresser« bekannt war, weil er auf dem Markt Obst- und Gemüseab-

fälle sammelte, sorgfältig putzte und sich zu einem erheblichen Teil davon ernährte.
Wo alle sparen, sparen natürlich auch die Ärmsten der Armen, die es auch heute noch bei uns gibt. Sie wenden dafür nicht weniger Phantasie und Kreativität auf, wie etwa die alte Frau, die die Treppe vor ihrem Häusle nur wischte, wenn sich im Schlagloch auf der Straße davor genug kostenloses Wasser angesammelt hatte.
In einer Zeit, in der »die Treue im Geringsten« und die Sekundärtugenden nicht mehr bei allen in hohem Ansehen stehen, erscheint die schwäbische Sparsamkeit nicht mehr jedem verständlich, und in den Zeiten des Überflusses in unserer Gesellschaft wurde sie von oberflächlichen Betrachtern auch verlacht. Unter ökologischen Gesichtspunkten und bei der Knappheit der Ressourcen erscheint sie heute aber wieder höchst aktuell. Bis in die siebziger Jahre hinein brauchten viele schwäbische Haushalte – allerdings in erster Linie auf dem Lande – keine Müllabfuhr, und so erweist sich der sparsame schwäbische Lebensstil geradezu als Rezept für die Zukunft.

Der Schwabe als Gastgeber und Gast

Wer sparen muß, spart zwangsläufig auch als Gastgeber und Gast. Jedoch ist auch hier davon auszugehen, daß das manchmal etwas »Bhäbe« an der schwäbischen Gastlichkeit erst mit der Durchsäuerung durch den Pietismus aufkam und die Württemberger zuvor – und jetzt wieder – recht fröhliche und gesellige Gastgeber und Gäste waren und sind. So heißt es zum Beispiel in Martin Luthers Tischreden: »Wenn ich ... viel reisen solte, wolte ich nirgend lieber, denn durch Schwaben und Beyerlandt ziehen, denn sie sind freundlich und gutwillig, herbergen gerne, gehen frembden und wanderleuten entgegen.«
Für den »Normalbürger« gilt freilich auch heute noch die Regel, vor einer Einladung möglichst nichts zu essen. Man hat es zwar nicht nötig, aber das Gastgeschenk sollte sich schon auszahlen. Ganz Vorsichtige werden bei einer Kaffe-Einladung vorher anfragen, ob sich vielleicht auch noch ein Abendessen anschließe, wie es Karl Napf mit einem hohen Beamten erlebte; schließlich muß man ja seine Tagesmahlzeiten disponieren können, und auch das Gastgeschenk will richtig bemessen sein. Der Grundsatz des Oberbürgermeisters Rommel, für städtische Geschenke »lieber zehn Minute gschämt, als z'viel ausgebe«, wird auch von manchem Privatmann beherzigt.

Andererseits wird, wenn man schon in die Tasche gelangt hat, der Wert des Geschenks auch in geeigneter Form betont. So gratulierte dem Verfasser ein Freund mit den Worten zur Hochzeit: »Des Buch hat fei 28 Mark koscht, i hoff, daß du net so oft heiratscht.«
Beim Erhalt des Geschenks wird der Gastgeber artig darauf hinweisen, daß dieser Aufwand »aber net neetig gwä wär«, wobei er allerdings davon ausgeht, das Geschenk sei das mindeste, was man verlangen könne.
Der weitere Verlauf hängt dann sehr davon ab, um welche Art von Zusammenkunft es sich handelt. Die berüchtigte Einladung »Jetzt kommet Se halt nach em Kaffee, no send Se zum Nachtesse wieder daheim«, die es früher tatsächlich gegeben haben soll, ist inzwischen auch in Stuttgart ausgestorben. Willy Reichert hatte als Moderator des Stuttgarter Opernballes für derartige Anlässe die richtige Formel gefunden: »Man kommt so ungern, wie man gern wieder geht.«
Auf Parties erweist sich, daß der Schwabe als »kalter Büfettier« anderen Stämmen nicht nachsteht, wobei vor allem die Herren aus dem öffentlichen Leben, treffender als »öffentliche Lebemänner« bezeichnet, zu großer Form auflaufen. Lediglich das Partygeplauder weist hierzulande eine stammesspezifische Variante auf. Es zeugt von der Nähe der Landeskinder zum exportorientierten Maschinen- und Autobau, wenn sich biedere »Gattinnen« immer wieder über den Dollarkurs sorgen, sofern sie sich nicht auf pragmatische Tips an den Ehemann beschränken wie etwa: »Eugen, wenn du den Hering auf em Tellerrand romlegscht, kriegscht am meiste drauf.« Eine Einladung bei »Neureichs« wird – wie überall – für den Gast

besonders angenehm sein, stimmt doch hier alles ganz genau: die Gläser, die Temperatur des Gereichten, und die Kultur im Haus ist rasch erfaßbar, besteht sie doch im wesentlichen aus Rosenthaltellern.
Bei »Superreichs« kommt in Württemberg auf den ahnungslosen Gast manchmal ein »Prozeßrisiko« zu. Bekannt geworden ist die Geschichte vom württembergischen Multimillionär, der die Hochzeit seiner Tochter vom »Partykäfer« aus München ausrichten ließ und dem die Rechnung dann zu hoch war. Hochwürdigste Damen und Herren sahen sich im anschließenden Prozeß genötigt, auszusagen, wie viele Häppchen sie gegessen hatten . . .
Viel angenehmer sind dagegen persönliche Einladungen zum Essen in der Wohnung des Gastgebers. Auch bei Personen von Rang geht dem Essen dann eine Führung durch die Wohnung voraus, bei der diskret eingeflochten wird. »Für diese Kommode wollte der Händler 20 000 Mark, ich habe sie aber für zwölf bekommen«, oder: »Dieses Figürchen stammt aus Ludwigsburg, ich hab's für drei Mille fast geschenkt gekriegt.« Nachdem der Gastgeber schon solch schöne Gewinne erzielte, setzt sich der Gast erwartungsvoll an den Tisch und wird – auch dies ist schwäbisch – erstklassig bewirtet, denn kochen kann die Hausfrau, und im Weinland Württemberg braucht man auch keine Angst zu haben, mit einem weinähnlichen Allerweltsgesöff abgefunden zu werden. Ermunternd heißt es dann bei der Aufforderung zuzulangen, halb ernst, halb ironisch: »Was auf em Tisch steht, ischt scho verschmerzt.« Greift der Gast kräftig zu, ermuntert man ihn mit den beruhigenden Worten: »'s ischt no älles drussa«,

und wenn etwas übrigzubleiben droht, kommt die Bitte: »Esset no, sonscht fliegt doch älles in de Kuttereimer.« »I bin so frei«, wie lange üblich, braucht man zu diesen Aufforderungen nicht mehr zu sagen, aber wenn die Hausfrau, nach Komplimenten fischend, artig fragt: »Ko mer's esse?«, sollte man nicht nur höflich reagieren, denn die schwäbische Küche wird nicht von ungefähr gerühmt, und wenn man eine solche Einladung bekommen hat, kam sie von Herzen, zumindest aber wohlüberlegt.

Den idealen Abgang nach einem solchen Besuch hat einmal der schwäbische Leibjäger eines Hohenloher Fürsten vorexerziert, der nach der Jagd noch zum Essen bleiben durfte. Als die Herren dann von der Politik zu reden anfingen, hielt er es für angebracht zu gehen und tat dies mit den Worten: »Vielen herzlichen Dank, es war gut und vor allem reichlich, und ich bedauere die gehabten Auslagen.«

Die Schwäbin als Köchin

»Koche ischt kei Kunscht, esse muaß mer kenna!« Diese schwäbische Weisheit scheint der Schwäbin als Köchin ein schlechtes Zeugnis auszustellen, dürfte aber mehr ein Überbleibsel aus früheren Notzeiten sein. So lautete beispielsweise im Ersten Weltkrieg das überlieferte Tischgebet einer Bauernfamilie im Gäu schlicht und einfach: »Supp, Gmüas, koi Floisch, Amen!« Ohne Fleisch mußte die Köchin in Württemberg zwar oft auskommen, ohne Suppe ging es aber nie, und deshalb kann man im Schwäbischen von einer Suppentradition vom Mittelalter bis heute sprechen. Schon bei Hans Sachs heißt es, die Suppen seien der Schwaben Schatz (was ein Schätzle natürlich nicht entbehrlich macht), und auch in der mittelalterlichen Scherzliteratur, wo der Spott des Volkes gern an die Lieblingsspeisen anknüpft, wird den Schwaben ihre Liebe zu den Suppen vorgehalten. So manchem Zecher mag »a barmherzigs Süpple« am nächsten Tag den Magen wieder eingerenkt haben, aber auch der »biedere Schwabe« möchte, ob Werktag oder Sonntag, auf ein Süpple nicht verzichten. Die Köchin ist darüber sehr froh, eignet sich doch die Suppe hervorragend zur Realisierung ihres obersten Prinzips: der optimalen Resteverwertung. Es muß ja nicht gerade ein »Lompesüpple« sein, in

das sämtliche Überbleibsel aus Küche und Kammer hineinwandern. Mit einiger Phantasie läßt sich jedoch fast alles in schmackhafte Suppen verwandeln.
Einfach mußte das schwäbische Essen sein, schon deshalb, weil Schmalhans der häufigste Küchenmeister im Lande war; aber auch schmackhaft mußte es sein. Im übrigen war es von den drei »S« gekennzeichnet: auf Suppe, Sauce und Salat kam es an. Wie oben erwähnt, ist die Abfallverwertung wichtig, wenngleich die Köchin dabei im allgemeinen nicht so weit geht wie der schon erwähnte promovierte Biologe im Tübingen der sechziger Jahre, der noch betonte, wie billig man doch leben könne. Wenn man von Honoratiorenspeisen wie Rostbraten mit Spätzle absieht, die für den einfachen Württemberger früher schier unerreichbar waren, ist die württembergische Küche im Alltag noch immer sehr einfach und für gehässige »Preußen« gar eine Abfallküche. So mußte sich Karl Napf beim genußvollen Verzehr von »sauren Kuteln« in einem gehobenen Lokal von einem Herrn am Tisch, der aus dem Norden stammte, anhören: »Bei uns gibt man so was den Schweinen.« Der Kuttelfreund ist aber auch bei den eigenen Landsleuten nicht gerade hochgeachtet, ging doch der Wirt eines berühmten Lokals im Stromberg, als der Autor drei Sonntage hintereinander bei ihm zum Kuttelessen auftauchte, dazu über, ihn zu duzen. Vielleicht war dieses Duzen aber auch gar nicht abschätzig gemeint, sondern Ausdruck der Solidarität der wahren Feinschmecker. Auch die köstlichen »sauren Nierle« sollte man nicht verschmähen, nur weil »darüber Urin gelaufen ist«, wie eine Dame aus Norddeutschland meinte. Wer denkt denn beim Essen an so etwas! Auch

Suppe

der Hackbraten ist in der schwäbischen Küche – freilich nicht nur hier – sehr beliebt; hier aber vor allem deshalb, weil man ihn so gut mit alten Wecken strecken kann.
Eine sparsame schwäbische Köchin könnte zum Beispiel mit folgender »Konzeption« in eine Woche gehen:
Montag: Linsen, Spätzle und Saitenwürstle
Dienstag: geröstete Kartoffeln mit sauren Nierle
Mittwoch: Leberkäs, Kartoffeln und grüner Salat
Donnerstag: Maultaschen in der Brühe mit Kartoffelsalat
Freitag: Kratzete, auch Eierhaber oder Stierum genannt (in Österreich Kaiserschmarrn)
Samstag: Krautnudeln
Sonntag: Schweinebraten mit viel Sauce, Spätzle oder Nudeln oder Knödel und Salat.
Zu jedem dieser Essen gehört natürlich eine gute Suppe.
Im klassischen württembergischen Haushalt – wie er im 19. Jahrhundert selbst noch bei den Tübinger Professorengattinnen vorkam, heute aber selbst auf dem Dorf nur noch selten anzutreffen ist – bekamen die Salatabfälle die Hühner und das, was man der Familie beim besten Willen auch als Suppe nicht mehr anbieten konnte, die Sau. Dementsprechend kannten viele schwäbische Haushalte bis in die Gegenwart auch kaum ein Müllproblem, zumal fast jeder Schwabe auch noch ein Gärtle mit Komposthaufen hatte. Wie das Beispiel zeigt, erstickt der moderne Mensch in selbstgeschaffenen Problemen, die sich bei der – freilich nicht ohne weiteres durchführbaren – Rückkehr zur Tugend der Väter in Luft auflösen würden.
Auch wenn im Zuge der Verbesserung der Lebensverhältnisse seit den siebziger Jahren ein »Schnitzel mit Pommes frites« auch an ganz gewöhnlichen Werktagen

auf dem Küchenzettel einer Kantine und manches privaten Haushalts steht, noch in den sechziger Jahren wäre dies ein Hochzeitsessen gewesen. Entsprechend ist das Unterscheiden von »Werktagsessen« und »Sonntagsessen« in der älteren Generation noch sehr verbreitet, auch wenn das für die Jüngeren schon gar nicht mehr nachvollziehbar ist.
Eher noch verstärkt hat sich dagegen der emotionale Bezug der Württemberger zu manchen Speisen, wie ja überhaupt der Magen das konservativste Organ des Menschen zu sein scheint. Neben den über alles geliebten Spätzle sind es inbesondere die Maultaschen, die geradezu zum schwäbischen »Soul food« aufgestiegen sind. Kenner der Szene, wie der Tübinger Volkskundler Konrad Köstlin, sprechen schon von einem »Maultaschensyndrom« in Württemberg. Auch für Thaddäus Troll war die Maultasche von symbolischem Wert; heißt es doch bei ihm: (die Maultaschen) »... sind für mich nicht nur das Spitzenerzeugnis der schwäbischen Küche, sie entsprechen auch dem Wesen des Schwaben. In einem unliebenswürdigen Gewande verbirgt sich ein delikater Kern.« Kein Wunder, daß die ehemalige Ministerin Annemarie Griesinger nie populärer war als bei ihrem heldenhaften und erfolgreichen Kampf gegen die EG, deren Technokraten die Maultaschen verbieten wollten. Also, da pfeift man doch lieber gleich auf Europa, wenn es nur um die Preisgabe der Maultasche zu haben wäre! Dabei handelt es sich erstaunlicherweise nicht einmal um ein spezifisch schwäbisches Gericht; in der Literatur taucht die Maultasche erstmals ausgerechnet in einem böhmisch-sächsischen Kochbuch vom Ende des 18. Jahrhunderts auf. Pas-

sender sind da schon die Geschichten von der Maultasche als Fasten- oder Karfreitagsessen, mit deren Hilfe der knitze Schwabe den lieben Herrgott ein wenig beschummeln wollte. So hat die Maultasche im heutigen Württemberg geradezu Kultwert und hilft Identität finden in einer teilweise schon multikulturellen Gesellschaft, wo sie sich allerdings mit den italienischen Ravioli schon längst verbündet hat.
Festzuhalten bleibt, daß die Schwäbin herzhaft und schmackhaft kocht, aber nicht unbedingt kalorienarm. Eine Ausnahme macht sie dabei nur mit der »erotischen Nulldiät«, die sie dem heimkehrenden Mann mit den Worten ankündigt: »Komm no. Kocht han i nix, aber guck, wie i dolieg!«

Die Schwäbin als Hausfrau

Die Schwäbin als Hausfrau könnte man in zwei Worten beschreiben: »einfach Spitze«. Diese pauschale Charakterisierung ließe aber nicht erkennen, wie facettenreich und umfassend ihr Genie auf diesem elementaren Gebiet des Lebens ist. Zur höchsten Vollendung als Hausfrau gelangt eine Schwäbin als Lehrerin für Hauswirtschaft, Handarbeit und Turnen, die berühmte »HHT-Lehrerin« aus der Schule in Kirchheim unter Teck. Aber auch der Mann, der keine »studierte« Hausfrau aus dieser ehemaligen Kaderschmiede schwäbischer Superhausfrauen erobern konnte, sondern nur eine »normale« Schwäbin, kann sich in der Regel glücklich preisen. Er muß sich schon sehr ungeschickt anstellen, wenn er es mit einer Schwäbin als Haushaltsvorstand zu nichts bringen sollte. Schon lange bevor das ökologische Denken in das Bewußtsein des Volkes drang, verhielten sich die württembergischen Hausfrauen streng ökologisch, und die auf den ersten Blick merkwürdige These des verstorbenen Franz Josef Strauß: »Konservativ sein heißt, an der Spitze des Fortschritts stehen«, bestätigt sich erstaunlicherweise auch an den Hausfrauen am Neckar und auf der Alb.

Dies zeigt sich zunächst an ihren Waschgebräuchen. Sie würden niemals, wie die reigschmeckte Stuttgarter Sekretärin, jedes Blüsle nach einmaligem Tragen schon wieder waschen. Freilich ist aber auch der frühere Waschtag einmal im Monat oder noch seltener – je nach Zahl der Parteien eines Mietshauses – für die mittlere und ältere Generation nur noch eine grausige Erinnerung; er wird heutzutage schon in Sonderausstellungen museal vorgeführt. Die gemeinsame Waschküche für alle Bewohner befand sich im Souterrain des Hauses. Dort wurde bereits am Tag vor dem eigentlichen Waschtag die Wäsche eingeweicht, säuberlich getrennt nach »weiß« und »farbig«. An diesem Vortag kochte die Hausfrau auch einen großen Eintopf – nicht selten den sogenannten »Gaisburger Marsch« –, damit ihre Familie am Waschtag nicht verhungere, während sie selbst fast unansprechbar und am Rande eines Nervenzusammenbruchs war. Schon damals half der Hausfrau »Persil«, das wie wenig anderes über die Jahrzehnte »Persil« blieb, und »Henkels-Bleichsoda« stiftete dazu seinen Segen. Dennoch war der Streß der Hausfrau am Waschtag ungeheuer, und Friedrich Schiller mag an den Waschtag gedacht haben, als er schrieb: »Da werden Weiber zu Hyänen«; die Atmosphäre in der Waschküche scheint auch sein Gedicht vom »Taucher« beeinflußt zu haben, in dem es heißt: »Und es wallet und siedet und brauset und zischt, als wenn Feuer und Wasser sich menget.« Bereits in den fünfziger Jahren kamen jedoch die »Lavita-Waschsalons« auf, und man ging zum Waschen; heute haben sogar die meisten Single-Haushalte ihre eigene Waschmaschine. Dennoch achtet die Hausfrau hierzulande darauf, daß »die Maschine sich lohnt«, wenn nach festem Brauch am Montagmorgen gewaschen wird, wobei zu guter Letzt auch die Putzlumpen gewaschen werden. So streng ist der Brauch des montäglichen Waschens, daß prompt eine Belastungsspitze bei den Elektrizitätswerken auftritt, was man zum Beispiel in Reutlingen schon zu ändern suchte, aber vergeblich, der Brauch ist stärker.

Auch beim Trocknen der Wäsche hält sich die Schwäbin oft an ein strenges Ritual und trennt gern »Weiß-« und »Buntwäsche« durch eine leere Leine. Wichtig ist, daß auf der Wäscheleine Ordnung herrscht und Bettwäsche, Leibwäsche, Hemden und Socken streng für sich und nicht »durcheinander« aufgehängt werden. Schließlich wird der »Aushang« von den Nachbarinnen unerbittlich beäugt, und auch ein Bettnässer im Haus ließe sich kaum verbergen.

Nach dem Trocknen setzt das Bügeln ein, wobei selbstverständlich auch die Unterwäsche und die Taschentücher säuberlich geglättet werden, letztere manchmal auf ausdrücklichen Wunsch des peniblen Herrn Gemahls.

Ordnung ist für eine württembergische Hausfrau vom alten Schlag überhaupt das halbe Leben, und man könnte fragen, ob die Bundeswehrspieße die Schrankordnung von den heimischen Hausfrauen gelernt haben oder umgekehrt. Jedenfalls herrscht im schwäbischen Kleiderschrank eine eiserne Ordung, und er ist gewissermaßen stets »appellfähig«. Fairerweise muß man festhalten, daß solche Appelle nicht oft durchgeführt werden. Sie kommen dennoch vor, wie eine alte württembergische Witwe aus dem Schönbuch beweist, die bei ihrer österreichischen Schwiegertochter immer wieder einmal eine Art »Stuben- und Spindappell« durchführt. Säuberlich bewahrt die konservative Schwäbin auch ihre Aussteuer auf, bis ihr am Ende ihres Lebens vielleicht doch der Gedanke kommt, »ob des ganze Zeug eigentlich wirklich neetig war.«

Die Begeisterung der »klassischen« Schwäbin für die Kehrwoche beziehungsweise ihr Leiden als Kehrwöchnerin hat Karl Napf schon an anderer Stelle gewürdigt. Freilich beschränkt sich ihre Leidenschaft für das Putzen beileibe nicht auf die Kehrwoche. So berichten Elektriker darüber, daß sie immer wieder in Häuser gerufen werden, wo brave Frauen beim Putzen den Herd zerlegt haben und ihn danach nicht mehr richtig zusammenbauen konnten. Von Witwen werden oft Männer aus der Nachbarschaft bemüht, um die Fensterläden wieder einzuhängen, die mindestens einmal im Jahr gereinigt werden müssen, manchmal sogar laut Mietvertrag. Auch die große Schuhwäsche vor dem Haus mit anschließendem Trocknen auf der Bank gehört zu den Putzriten auf dem Lande, und die Schwäbin vergißt natürlich auch nicht, sich selbst und ihre Familie zu reinigen. Der klassische Tag hierfür war über Generationen der Samstag, an dem in der Waschküche gebadet, die Haare gewaschen und frische Unterwäsche angezogen wurde. Im Zuge des allgemeinen Wohlstands findet sich jetzt aber fast in jedem Haus ein Bad, und als überwunden gelten kann die Auffassung eines Stuttgarter Architekten, der noch in den fünfziger Jahren das Bad immer im Keller einplante, »weil man es nur am Samstag braucht«. Zumindest von der technischen Ausstattung her kennt die Hygiene im Land heute keine Grenzen mehr, auch wenn das Wasser teuer geworden ist.

Konsequent ist die echte Württembergerin bemüht,

»Hoffahrt« in der Kleidung zu vermeiden, und sie bevorzugt pflegeleichte Gewänder. Der Werktagsschurz, der noch in Karl Napfs Assessorenzeit Anfang der siebziger Jahre manche Mitarbeiterin auf dem Finanzamt in Tübingen zierte und der nur sonntags von einem weißen Schurz oder wenigstens einem »Sonntagsschurz« abgelöst wurde, kommt auch auf dem Dorf allmählich aus der Mode. »Gute« Kleidung ist dort werktags allerdings noch immer verpöhnt. Geht eine Frau vom Dorf werktags gut gekleidet zum Arzt, wird sie noch heute von der neugierigen Nachbarin gefragt: »So, wo goht's no em Sonntagskleid?« Man kann sicher sein, daß nach der Rückkehr das teure Stück wieder im Schrank verschwindet, wie auch nach der Kirche. Vor Ausbruch des Blue-jeans-Zeitalters wurde auch nach der Schule sofort einfache Kleidung angezogen.

Im übrigen wird in einem schwäbischen Haushalt überall »tapfer« gespart. Selbstverständlich verwendet man leicht befleckte Servietten – wenn überhaupt vorhanden – nicht nur einmal, bügelt das Geschenkpapier zur Wiederverwendung auf und bläst Kerzen schnell wieder aus, um sie noch möglichst oft benützen zu können. Bei Geschenken »übertreibt« man nicht und reagiert auf ein, wenn auch erhofftes, Mitbringsel stets artig mit: »Des wär aber net neetig gwä.«

Natürlich ist die schwäbische Hausfrau auch kein Mitglied der Wegwerfgesellschaft, sondern stopft und flickt, so lang es geht. Geradezu museale Reife erlangte dabei der Overall eines Nordstetter Arbeitsmannes, den nicht weniger als 42 (zweiundvierzig) Flicken zierten.

Dementsprechend ist die Schwäbin in der Ehe auch ein

hervorragender Finanzminister. Bewährt hat sich die Arbeitsteilung, daß der Mann für (große) Einnahmen und seine Frau für (kleine) Ausgaben sorgt. So kommt die echte Württembergerin auch in Boutiquen nicht in Versuchung, und die moderne Ausrede »Man gönnt sich ja sonst nichts« ist zumindest auf dem Lande noch nicht im Schwange.
Schließlich fühlt sich eine württembergische Familienmutter auch als eine Art Protokollchef der Familie. Sitte und Anstand sind ihr wichtig, und sie achtet darauf, daß Kinder und Mann »ordentlich herumlaufen.« Der Mann insbesondere sollte nicht den Hemdzipfel heraushängen, auch wenn er gerade von der Toilette kommt, er soll möglichst nicht vertrotteln und, wie die Kinder, immer »halbwegs« vorzeigbar sein. Dazu gehört selbstverständlich, daß der Ehemann auch in höherem Alter möglichst nicht »trielt«. Kommt es aber doch einmal dazu, so hat manche gute Schwäbin immerhin noch die »Restsüße«, angesichts ihres siechen, etwas kleinen Ehemanns halb liebevoll, halb resigniert zu bemerken: »Ja, so isch halt mei bißle Josef.«

Der Schwabe als Gartenbesitzer

Friedrich Schiller ging bekanntlich so weit zu sagen: »Auch ich war in Arkadien geboren.« Kennt man die enge Lebenswelt des achtzehnten Jahrhunderts in Württemberg, so kann dieses Arkadien seiner Kindheit eigentlich nur ein Garten oder sogar nur ein »Gärtle« in Marbach am Neckar gewesen sein. Unabhängig davon und von aller Gartenideologie dürfte richtig sein, daß sich jeder Gartenbesitzer und natürlich auch jede Gartenbesitzerin mit ihren Gärten ein höchstpersönliches Arkadien schaffen. Vom kleinen Vorgarten, dessen Rasen liebevoll mit der Schere geschnitten wird, bis zum großen, fast landwirtschaftlich genutzten »Krautland« oder hektargroßen »Stückle« reichen dabei im Württembergischen die Gärten. Insbesondere in Siedlungen und im städtischen Bereich fungiert der Garten als Visitenkarte des Hauses und weniger als Quell der Nahrungsvorsorge, wie es auf dem Lande noch überwiegend der Fall ist.

Ein Zyniker meinte einmal, wenn man bei uns auf die Pflege des Charakters soviel Mühe verwenden würde wie auf die Gartenpflege, lebten wir in einer idealen Gesellschaft. Es ist halt schon so: Einen Charakterfehler kann man tarnen, einen schlampigen Garten nicht, und so könnte man formulieren: »Zeige mir deinen Garten, und ich sage dir, wer du bist!« Von diesem Effekt leben auch die Blumenschmuckwettbewerbe, die rührige Obst- und Gartenbauvereine landauf, landab veranstalten und die oft geradezu prunkvolle Ergebnisse zeitigen. Wichtig bei diesen Wettbewerben ist, daß jeder Teilnehmer einen Preis bekommt, wobei darauf geachtet werden sollte, daß die Frau Bürgermeisterin oder Ortsvorsteherin keinesfalls den ersten Preis machen darf. Ein Nachteil dieser Wettbewerbe ist freilich, daß immer nur der Anblick der Vorderseite der Häuser prämiert wird; »hentenaus« wäre solch ein Wettbewerb durchaus auch einmal sinnvoll, aber da sieht's der Eigentümer ja nur selbst.

Hochinteressant und ein Gradmesser für die sozialen Beziehungen in einer Siedlung ist die Abgrenzung der Gärten voneinander. Fehlt sie ganz, haben die Einwohner schon einen hohen Kulturstand erreicht; dominieren Zäune und Hecken, ist dieser noch steigerungsfähig. Überhaupt die Hecken: Sie frieden nicht nur die Gärten, sondern auch die Menschen ein und machen manches Haus zur Festung. Diese Umfriedungen gehören in der ländlichen Gerichtspraxis zur »Hohen Schule« des Nachbarrechts. Unvergessen ist Karl Napf der Ausruf einer Schwarzwälderin, als er in anwaltlicher Funktion einen Ortstermin wahrnahm: »Herr Doktor, wann's so weitergoht, will i nemme lebe, die Tännele vom Nochbor send scho wieder zeh Zentimeter höher.«

Garten und Gartenarbeit sind in der Regel Last und Lust der Hausfrau. Für die Generation der Rentner und Pensionäre aber sind sie ein Lebenselixier. In manchen Ehen freilich fungiert der Mann dabei nur als »Gartenarchitekt«, während die Feinheiten, wie das Jäten, als Frauenar-

beit angesehen werden. Eine solche Rolle muß auch jene brave Maulbronnerin gehabt haben, von der ein Stein im Salzachtal einstens verkündete: »Die Oma war ein fleißig Weib, ihr Schicksal war der Garten.«
Für die meisten Senioren ist die Gartenarbeit geradezu der »Sport des Alters«, wobei es zu perfektionistischen Ausprägungen kommt, die außerhalb Württembergs kaum vorstellbar sind. So ist von einem Stuttgarter Pensionär bekannt, daß er in größter Ruhe Anfang September alle Blätter an seinen Gartenbäumen mit der Schere abschneidet. Das halte ihn zwar auf, pflegt er zu sagen, aber dann habe er im Herbst nicht die »Sauerei« mit dem Laub. Weniger vorsorgliche Rentner können dann im Oktober, November beobachtet werden, wie sie im Zuge der Kehrwoche einen Vorplatz vom wehenden Laub freihalten wollen und bei diesem sisyphosgleichen Kampf sich fast einen Herzinfarkt holen. Dieses Unglück kann sich jedoch auch im Umgang mit einem Motorrasenmäher ergeben, weshalb die »grüne Ökowiese« in jeder Beziehung gesünder sein dürfte. Andererseits bietet das Rasenmähen frustrierten Beamten einmal die Möglichkeit, etwas Sichtbares, wenn auch Vergängliches zu gestalten.
Auch der fleißigste Gartenbesitzer hat aber seine Feinde: das Unkraut und vor allem die Schnecken, deren Bekämpfung im Volk große, freilich destruktive Kreativität freisetzt. Recht human sind noch die Schneckenzäune oder mit Bier gefüllten Schneckenfallen, an denen sich auch so mancher Hund betrinkt. Andere wieder setzen auf Abschreckung, kochen Schneckenleichen und verteilen sie über die Beete oder fertigen aus Schneckenleichen und Wasser ein »Schneckenbrühle«, das gut abgestanden

über alles gegossen wird. Wieder andere schlagen mit wohl dosiertem Sadismus mit der Hacke zu, und manche biedere Hausfrau zeigt beim raschen Schnitt mit dem Messer Killerinstinkte. Wahre Sadisten greifen zu Salz oder Schneckenkorn. Gemäßigt wirkt da schon eher die Lösung, die Schnecken zu sammeln und im WC verschwinden zu lassen oder auf die Dorfstraße zu kippen und alles weitere dem Verkehr zu überlassen. Ein abgründiges Thema, das unbedingt psychoanalytisch erhellt werden sollte.

Der wahre Gärtner ist aber kein Jäger, sondern ein Heger, zumindest seiner Pflanzen, auch wenn er bei der Bekämpfung des Unkrauts häufig Aggressionen abarbeitet. Gartenarbeit ist immer Kulturarbeit im eigentlichen Sinne des Wortes und steht daher zu Recht in hohem Ansehen. So wurde auch in einem Schwarzwalddorf die Frage nach dem neuen Pfarrer bezeichnenderweise mit den Worten beantwortet: »'s send rechte Leut, die Frau schafft jeden Tag im Garten.«

Wie bei den Bauern, so weiß man in unserer verkehrten Welt freilich auch bei den Gartenbesitzern nicht mehr so recht, ob man ihnen eine gute oder eine schlechte Ernte wünschen soll. Den Landwirten wird bei reicher Ernte der Preis verdorben, und vor allem den älteren Gartenbesitzerinnen wächst dann das Geschäft über den Kopf, zumal sich nach der Ernte gleich das Einkochen und Eindünsten anschließt. Andererseits führt eine schlechte Ernte dazu, daß unter Lebensgefahr auch noch das letzte Äpfele aus der Krone gebrochen werden muß, was schon manchen schweren Unfall nach sich zog. Eine gute Ernte führt sogar im sparsamen Württemberg zur Freigebigkeit mit

Obst, während man mit Blumen immer eher phäb ist und sogar den Eigenverbrauch im Haus meidet. Wundert es da, daß es in Baden-Württemberg die niedrigsten Fleurop-Umsätze Deutschlands gibt?
Insgesamt dürften die Gartenbesitzer, und nicht nur die in Württemberg, eine viel glücklichere Sorte Mensch sein als all die Mieter in den grauen Städten; geht ihnen doch der Kontakt zur Natur und zu den Jahreszeiten, der nach Bertrand Russel essentiell für das menschliche Wohlbefinden ist, nie verloren. Und wenn der religiöse französische Denker Blaise Pascal meinte, alles Unglück auf der Welt käme letztlich daher, daß der Mensch es nicht lange in seinen vier Wänden aushalte, war er vielleicht doch etwas zu streng: Wenigstens in seinen Garten sollte man ihn lassen.

Der Schwabe als Stuttgarter

In den fünfziger Jahren warb das Stuttgarter Kaufhaus Breuninger mit den Worten »Breuninger, ein schwäbischer Begriff – großzügig, modern, solide«. Nun bezog sich das »großzügig« zwar vor allem auf die Einkaufsmöglichkeiten bei Breuninger, aber großzügiger als die Landbewohner sind die Stuttgarter allemal, und mit »modern« und »solide« lassen sie sich auch heute noch recht treffend bezeichnen. Im übrigen ist nicht jeder, der in Stuttgart wohnt, auch ein »Stuttgarter«. So ist die vielzitierte »multikulturelle Gesellschaft« bei einem Ausländeranteil von fast 25 Prozent hier schon fast Realität, was für das aufgeschlossene und urbane Wesen der Stuttgarter spricht. Aber auch bei den Stuttgartern mit deutschem Paß muß man genau unterscheiden. So kann man auf die Frage, ob jemand Stuttgarter sei, hören: »An sich ja, aber als ich zehn war, zogen meine Eltern nach Feuerbach.« Ein Feuerbacher ist eben kein Stuttgarter, auch wenn schon die Oberamtsbeschreibung aus dem 19. Jahrhundert auf die sittliche Gefährdung der Feuerbacher durch die nahe Großstadt Stuttgart hinweist. Auch ein Einwohner aus »Bad« Cannstatt wird sich nicht als Stuttgarter fühlen. Andererseits wird ein »rechter« Stuttgarter Wert darauf legen, nicht in Cannstatt zu wohnen oder gar in Heslach,

Kaltental oder »im Osten«, obwohl auch dort, von der »Anna Scheiffele« ganz abgesehen, viele nette Leute leben. Die Stuttgarter Honoratioren wohnen »natürlich« in Degerloch, in Sillenbuch, am Kräherwald oder in den fashionablen Teilen Botnangs, während sich eingefleischte Sozialdemokraten im alten Botnang am wohlsten fühlen. In Birkach und Degerloch ist man bemerkenswerterweise noch heute halb stolz, halb verschämt, wenn man seine Herkunft von einem »Fehltritt« des Herzogs Carl Eugen herleiten kann, der bekanntlich eine sehr aktive Bevölkerungspolitik betrieb.
So hat jeder Stuttgarter Stadtteil seine eigene Geschichte und seine Geschichten. Alle miteinander, ob echte Stuttgarter oder nur eingemeindete, zeichnen sich – wie die Bewohner aller Metropolen – durch einen tüchtigen »Hauptstadtkrattel« aus. Daher beginnt für wohlwollende Stuttgarter Ministerialbeamte der ländliche Raum in Kornwestheim, für ganz stolze aber schon in Zuffenhausen. Entsprechend hoch ist das Selbstbewußtsein aller Stuttgarter, und die Stuttgarter Studenten sind in Tübingen – wo viel Landvolk studiert – nicht immer beliebt, weil sie ihren höheren Lebensstil auch an dieser Mostuniversität beibehalten wollen und auf Kommilitonen etwa aus Tailfingen und Baiersbronn angeblich herabschauen. Wer »vom Land« ist und in Stuttgart arbeitet, genießt am Heimatort höhereren Respekt; mit Anerkennung sagt man zum Beispiel, »der fahrt auf Schtugert«. Die Wirkung der Stuttgarter kommt auch in einer von OB Rommel gelegentlich zitierten Anekdote zum Ausdruck, in der die Hausgehilfin aus Wolfschlugen nach fünf Jahren »Stellung« in Stuttgart heimkehrt und von einem

Schulkameraden gefragt wird, was sie denn dort in der Stadt gelernt habe. »Höhere Bildung und vornehme Lebensart natürlich, du A . . .loch, du bleeds«, gibt sie treffend zur Antwort.

Entsprechend seinem hohen »standing« nimmt der Stuttgarter, im Einklang mit der Stuttgarter Presse, auswärtige Kulturereignisse kaum zur Kenntnis. Gleichzeitig ist er ein großer Sportfan, und es gibt weit und breit kein so begeistertes und gleichzeitig kultiviertes Sportpublikum wie in Stuttgart. Eingeweihten gilt denn auch Stuttgart – trotz des immer noch guten Balletts, den beachtlichen Resten der Theaterszene und des reichen Musiklebens – mehr als Sportstadt denn als Kulturstadt.

Im übrigen ist der unprätentiöse Stil des Stuttgarters nur verständlich vor dem Hintergrund, daß er – häufig nicht nur auf dem Papier – evangelisch ist und daß protestantischer, wenn nicht gar pietistischer Ernst lange das Geschehen in der Stadt prägte. So sind viele Stuttgarter noch immer der »Augenlust« abhold, im Gegensatz zu den Münchnern, deren barockes katholisches Lebensgefühl den Stuttgartern abgeht. Nackerte, wie an der Isar, wird man in Stuttgart vergeblich suchen, dafür braucht sich die Stuttgarterin auch im Bahnhofsviertel nicht so zu fürchten wie die Frankfurterin in ihrer Stadt. Bezeichnend ist es auch, daß man einer Münchnerin zu einem schönen Halstuch ein Kompliment macht, während eine Stuttgarterin sich dafür fragen lassen muß, ob sie Halsweh habe. Man ist eben solid, vielleicht ein bißle langweilig, aber den echten Stuttgarter stört das am wenigsten; schließlich ist er qualitätsbewußt und kommt ohne Schickeria-Effekte aus. Er ist mehr ein Ohren- als ein Augenmensch, und folglich steht hier die Musik – und zwar nicht etwa nur die leichte Muse, sondern auch die Kirchenmusik – in hoher Blüte. Der Stuttgarter protzt eben nicht, ist hehlinge reich, und bei manchen Großkopfeten muß man sich wahrlich fragen, wo und wie sie ihr Geld verstecken. Die Pullöverle für 1200 Mark in der Calwer Passage werden auch kaum von alteingesessenen Stuttgartern und Stuttgarterinnen gekauft, vielmehr von der fragmentarischen »Szene«, die sich dort ansammelt, wenn sie nicht gerade im Bohnenviertel hockt.

Trotz der Kessellage, die den Spötter Friedrich Theodor Vischer im 19. Jahrhundert veranlaßt hat, von Stuttgart als »Hauptstadt in einer Mulde« zu sprechen, »über deren Rand man nicht hinaussehen kann«, ist der Stuttgarter weltoffen und die Stuttgarter Industrie wahrlich ein »Partner der Welt«, wie ein etwas überzogener Werbeslogan für die Stadt vorübergehend lautete. Im polyglotten Stuttgart ist auch der Einheimische kaum an seiner Sprache zu erkennen, spricht er doch ein sehr abgeschliffenes Schwäbisch, dem man nicht mehr anmerkt, daß noch der Großvater aus Münsingen stammt. Manche Stuttgarter sprechen sogar fast gar nicht mehr schwäbisch, so daß man hinter ihnen auch einen Schlesier der zweiten Generation vermuten könnte.

Ein echtes »Stuttgart feeling« ist trotz aller Bemühungen der Werber in Stuttgart noch nicht entstanden, und auch ein zündender Slogan fehlt noch. In Anbetracht der Stuttgarter Verkehrsprobleme erschiene manchem Stadtbewohner das Motto »Großstadt zwischen Hängen und Würgen« durchaus angemessen. Eine große Zahl der Stuttgarter könnte aber noch heute mit dem Werbespruch aus den fünfziger Jahren »Die Großstadt zwischen Wald und Reben« leben. Da fehlt zwar ein wenig der »Pep«, aber in welcher anderen Großstadt kann man denn noch Pilze suchen und Trauben zopfen? In Stuttgart kann man's!

Der Schwabe als Dorfbewohner

Es ist eine alte Erkenntnis, daß sich die Zeiten wandeln und wir uns mit den Zeiten. Dabei bemerken wir Veränderungen in unserer Umwelt oft nicht deutlich, weil sie sich selten abrupt, sondern meist nur allmählich vollziehen. Dies gilt auch für die Entwicklung des schwäbischen Dorfes, das sich seit Kriegsende in starkem Maße verändert hat. Ein Teil dieser Veränderungen sollen im folgenden beim Rundgang des Neffen eines Missionars mit einem Studenten aus einem Entwicklungsland durch ein württembergisches Dorf gezeigt werden.

Einheimischer: »So, Herr, no will i Ihne onser Heuhofe amol zeige.«

Akim: »Unser Missionar, der liebe, hochgeehrte Pfarrer Pfleiderer – wir haben immer nur Vater Pfleiderer zu ihm gesagt –, erzählte uns oft von Heuhofen und meinte immer, Heuhofen sei für ihn das schönste Dorf der Welt gewesen.«

Einheimischer: »Des war's vielleicht au amol, aber mei Onkel, der Pfarrer Pfleiderer, hat Heuhofe ebe noch so in Erinnerung ghabt, wie es in seiner Jugend gwä isch, er war ja seither kaum mehr do.«

Akim: »Vater Pfleiderer war immer bei uns, immer für uns da, hat immer etwas aufgebaut, Schule, Rathaus, Krankenstation . . .«

Einheimischer: »Des hen mir frieher au älles ghabt.«
Akim: »Haben Sie das nicht mehr, keine Schule, kein Rathaus . . .?«
Einheimischer: »Des hen mir scho no, aber alles steht leer.«
Akim: »Wie, leer?«
Einheimischer: »Kender gehn in d'Kreisstadt in d'Schul, und 's Rothaus isch au nemme wichtig, seit wir Teilort der Kreisstadt send.«
Akim: »Bei uns ist die Schule am Ort und das Rathaus sehr wichtig.«
Einheimischer: »Ihr send halt no net so entwickelt.«
Akim: »Bei uns ist der Bürgermeister der wichtigste Mann im Dorf.«
Einheimischer: »Des war bei uns au so, als Heuhofe no selbschtändig war, jetzt hen mir auf em Rothaus zwar no zwei Agschtellte ond der Ortsvorsteher, aber im Grund hen mir nix meh zom sage, vielleicht amol a Bänkle aufstelle oder so ebbes.«
Akim: »Das begreife ich nicht.«
Einheimischer: »Viel Senn gibt des au net, aber vor zwanzig Jahren war des modern.«
Akim: »Machen die Deutschen immer, was modern ist?«
Einheimischer: »Jo, dafier send mir au hochentwickelt, sehet Se zum Beispiel, da ischt die Filial vo der Schparkass, dann hen mir no a Filial vo der Volksbank und d'Raiffeisebank.«
Akim: »Wozu braucht Heuhofen drei Banken? Wir haben im Dorf gar keine.«
Einheimischer: »Da ko ma zum Beispiel Geld hole und einkaufe geh.«

BANK
PIZZERIA
METRO

Akim: »Ich sehe aber nirgends einen Kaufladen.«
Einheimischer: »Läde hen mir allerdings nemme in Heuhofe, aber en der Kreisstadt gibt's en riesige Supermarkt, da gibt's praktisch älles.«
Akim: »Bei uns ist ein Laden, wo es auch alles gibt, aber eine Bank haben wir nur in der Bezirksstadt.«
Einheimischer: »Bei uns ischt's umkehrt, dafür sen mir höher entwickelt.«
Akim: »Was war das für eine Fläche da, wo die Behälter stehen?«
Einheimischer: »Des war onser Dorfteich, den hat ma in de siebziger Johr zugschüttet, ond jetzt stehn do halt die Müllcontainer, eigentlich schad.«
Akim: »Vater Pfleiderer hat manchmal erzählt vom Schlittschuhfahren auf dem Dorfteich, niemand hat gewußt, was das ist. Bei uns kann man nirgends Schlittschuh fahren, aber wir haben auch keine Müllcontainer.«
Einheimischer: »Werfet ihr älles so weg?«
Akim: »Nein, alles wird benutzt und wieder benutzt, und wir haben keine ›Verpackungskultur‹, wie man hier sagt, glaube ich.«
Einheimischer: »So war's bei uns au no in de vierziger und fuffziger Johr, aber mittlerweil sen mir halt heher entwickelt.«
Akim: »Dieses Haus, was ist damit? Es sieht ganz leer aus.«
Einheimischer: »Des war unser ›Löwe‹, halt a Dorfwirtschaft, d'Besitzere isch vor vier Johr gestorbe, no war a Grieche drauf, ond jetzt ischt's ganz aus.«
Akim: »Gibt es kein Gasthaus mehr in Heuhofen?«
Einheimischer: »Eigentlich hen mir vier ghabt, aber jetzt

gibt's bloß no a Pizzeria vom a Italiener, do gehn die Heuhofener aber net no, wenigstens mir alte net.«
Akim: »Ja, und wenn Sie fröhlich sein wollen oder ein Fest feiern? Bei uns gibt es viel Fröhlichkeit und viel zu feiern.«
Einheimischer: »No gehn mir auswärts, des hot sich so entwickelt.«
Akim: »Aber hier, das muß die Kirche sein, von der Vater Pfleiderer so viel erzählt hat. Oft hat er gesprochen von Festen wie Erntedank, wenn wir daheim auch Erntedank gefeiert haben mit unseren Früchten.«
Einheimischer: »Do lauft nemme viel in der Kirche. Landwirt hen mir no ein einzige im Dorf, und wenn der stirbt, goht der Hof au ei. Und seit drei Johr hen mir au koin Pfarrer meh.«
Akim: »Heuhofen hat keinen Pfarrer mehr! Wenn das Vater Pfleiderer wüßte!«
Einheimischer: »Jo, so ischt's, älle zwei Woche kommt a Vikar aus der Kreisstadt and hält Gottesdienst, aber 's kirchliche Leben hot arg nachglasse.«
Akim: »Das ist ja furchtbar, bei uns ist jeden Sonntag Gottesdienst und sehr gut besucht!«
Einheimischer: »Jo, so ischt's halt, aber 's gibt halt z'wenig Pfarrer.«
Akim: »Dann wird es Zeit, daß wir jetzt bei euch missionieren.«

Der Schwabe als Vierteleschlotzer

Im Psalm 104 heißt es »Der Wein erfreue des Menschen Herz«, und insoweit sind alle Vierteleschlotzer gläubig, auch wenn sie sonst durchaus ihre eigene »Philosophie« haben. So viel über den württembergischen Wein geschrieben wird, so wenig beschäftigt man sich literarisch mit dem vierteleschlotzenden Trinker, der als Seitenstück zum fleißigen und sparsamen Schwaben seinen festen Platz in der württembergischen Szene hat.

Das Privileg der Rentner und Pensionäre ist es, schon am Vormittag mit dem Vierteleschlotzen zu beginnen, und ein Blick in eine Stuttgarter oder Tübinger Weinstube zeigt gegen elf schon so manchen vom Wein geröteten und erhitzten alten Herrn. Der biedere Schwabe aber hält sich an die Regel aus der Kolonialzeit – »Kein Alkohol vor Sonnenuntergang « – und beginnt mit dem Viertele, von einem Schöpple zum Mittagessen abgesehen, erst mit dem Vesper am Abend. Den klassischen Vierteleschlotzer erkennt man schon an seiner Physiognomie. Er hat gerötete Wangen, durchzogen von blauen Äderchen, und das Gesicht ziert oft eine »Breschtlings- oder Trollinger-Nase«. Beim Trinken hält er sich an die Devise »Zom Dorscht derf's gar net erscht komme«, und er ist trotz der bedächtigen Art des Schlotzens um Nachschub recht besorgt. Pressieren tut es dem Rentner auf keinem Gebiet des Lebens mehr; er hat Zeit zum »Hocken«. Wein »kippt« man eben nicht wie das Bier und »stößt« ihn nicht hinunter wie den Schnaps.

Der Anblick der »Weinzähne« in einer Weinstube bestätigt den Vorwurf, den Hölderlin gegen alle Deutschen erhob: sie seien »tatenarm und gedankenvoll«. Der Vierteleschlotzer ist nicht etwa nur ein gehobener Mostkopf, sondern geradezu Vierteleesphilosoph. Der Hauptsatz seiner Philosophie lautet: »Früher war's halt no anders«, wobei er mit »anders« natürlich besser meint. Man könnte seine Philosophie auch eine Trollinger-Philosophie nennen. Ist doch dieser ursprünglich aus Südtirol stammende Wein zum Nationalgetränk der Württemberger geworden. Spricht man, wie seit Jahrhunderten üblich, vom »Neckerwein als Schleckerwein«, so denkt man vor allem an ihn. Den Römern jedenfalls, die zu genießen verstanden, sollte man ewig dankbar sein, daß sie im Zuge ihrer Besatzungspolitik auch den Wein in unsere Gefilde brachten.

Regelmäßiger Trollinger-Genuß führt zu einer Trollinger-Weltanschauung, wie sie sich neben anderen auch mancher schwäbische Schultes zulegt. Diese kommt dann in einer gewissen Wurstigkeit zum Ausdruck, wie bei dem Oberbürgermeister Weinmann im weinfrohen Heilbronn, der locker erklärte: »Als Frauenbeauftragte für Heilbronn kann ich mir auch einen Mann vorstellen.« Trollinger macht eben tolerant und versöhnlich, was man von Bier und Most nicht gerade sagen kann. Leider ist in diesem Zusammenhang die tiefe Erkenntnis des Entertainers und Sachkenners Harald Juhnke untergegangen, der völlig zu Recht einmal formulierte: »Wenn Hitler getrunken hätte, hätte es kein Drittes Reich gegeben.« Wenn Skinheads und andere Randalierer sich vor ihren bösen Taten mit Bier und Schnaps »antörnen«, sollte man ihnen daher lieber Wein zur Verfügung stellen, der fröhlich und nicht aggressiv macht. Vielleicht war der hohe Weinkonsum in früheren Jahrhunderten sogar ein Garant für sozialen Frieden. Es dürfte zu belegen sein, daß bei den rechtsextremistischen Ausschreitungen der letzten Jahre die Weinbaugebiete unterdurchschnittlich vertreten waren. Wie die württembergischen Viertelesschlotzer beweisen, schützt der Weingenuß allein schon durch die sich allmählich einstellende körperliche Müdigkeit am besten vor der Radikalisierung. So ist der Viertelesschlotzer im allgemeinen ein gemütlicher, friedlicher Mensch und regt sich in der Besenwirtschaft höchstens auf, wenn ein Schnösel aus dem Norden, der auch mitreden will, im Wein »a Bodegfährtle« entdecken will, um seine Kennerschaft zu beweisen.

Konsequenterweise hat Württemberg fast weltberühmte »Weinzähne« hervorgebracht, von denen nur die bekanntesten genannt werden sollen, wie zum Beispiel der unvergessene erste Bundespräsident Theodor Heuss aus Brackenheim. Er fertigte nicht nur seine Doktorarbeit über den Weinbau in Heilbronn, sondern war auch ein großer Verbraucher edler Tropfen und stufte die Qualität seiner Reden nach dem Weinkonsum als Ein-, Zwei-, Drei-, ja Vier-Flaschen-Rede ein. Vom Weinsberger Arzt und Dichter Justinus Kerner ist bekannt, daß er täglich vier Flaschen (leichten) Weißweins zu sich nahm, was ihm den Kontakt mit Geistern sicher sehr erleichtert hat. Auch der erste Ministerpräsident des Landes, Reinhold Maier, schätzte am Remstal nicht nur den Liberalismus, sondern auch seine Trauben. Durch eine im Ersten Weltkrieg erworbene Schüttellähmung seiner rechten Hand konnte er kein volles Glas halten; er hatte deshalb oft einen jungen »Vorkoster« bei sich, der allerdings häufig bereits vom »Supfen« in Stimmung war. Auch Thaddäus Troll und der Trollinger gehörten zusammen wie die Gitarre und das Meer, und ebenso wie Heuss hielt er seinen Verbrauch pro Manuskript fest.

Nicht nur diese, sondern all die vielen unbekannten Vierteleschlotzer im Lande schätzten und schätzen den Wein als körperliches und seelisches Lebenselixier und können kein volles, aber auch kein leeres Glas sehen. Manchem ergeht es dabei wie den Iren, bei denen die Empfindung der Realität als Störung des Bewußtseins aufgrund von Alkoholmangel definiert wird. Wer viel trinkt, hat eben viel zu löschen, und gelöscht werden muß das glimmende Unbehagen an der Welt und an sich selbst, wie bei allen Süchten. Der Vierteleschlotzer aber tut dies in der kultiviertesten Form, er genießt. Selbst die strengsten Pietisten im Lande lehnen den Wein nicht ab, zumal er ja auch in der Bibel von Bedeutung ist.

Nur die Bürokratie darf während der Dienstzeit – auch bei Festen – keinen Alkohol zu sich nehmen, obwohl gerade der hier beschäftigte Personenkreis sehr trostbedürftig und manche Akte sehr staubig ist. Vielleicht sollte man es machen wie die Bayern, die das bundesweite Trinkverbot bei der Bundeswehr nie einhielten und den Trollinger wie das Bier nicht als Genuß-, sondern als Lebensmittel ausgeben.

Insgesamt steht der württembergische Viertelesschlotzer als gemütvolle Ergänzung dem schwäbischen Schaffer fast gleichrangig zur Seite, bedächtig, wohltemperiert und mäßig bis unmäßig, wie beim Schaffen eben auch. Sein Ziel beim Trinken ist, wie zu allen Zeiten, eine angenehme, milde Trübung des Bewußtseins, die es ihm ermöglicht zu ertragen, daß es »nemme dees ischt«, mit der Welt, aber auch mit sich selbst.

Der Schwabe als Heimatfreund

»Zwischen Bremen und Neapel, zwischen Wien und Singapore habe ich manche hübsche Stadt gesehen ... Die schönste Stadt von allen aber, die ich kenne, ist Calw an der Nagold, ein kleines, altes schwäbisches Schwarzwaldstädtchen.«

So lautet das bekannte, eindrückliche Lob Hermann Hesses für seine Heimatstadt Calw. Wer Calw kennt, und vielleicht noch andere schöne Städte, wird sich möglicherweise darüber wundern, sollte aber bedenken, daß fast jeder Mensch zur Stadt seiner Kindheit und Jugend ein besonders inniges Verhältnis hat. Auch in seinem »Alemannischen Bekenntnis« hat Hesse ein bedeutsames Zeugnis seiner Liebe zur Heimat abgelegt. Andere herausragende württembergische Dichter, wie etwa Hölderlin und Schiller, haben ihre Heimat ebenso geliebt und besungen. In jüngerer Zeit hat der zwar in Bayern geborene, aber typische Alemanne Martin Walser seiner Seeheimat am Bodensee im »Heimatlob« ein Denkmal gesetzt. Wenn es bei Hölderlin hieß »Schwer verläßt, was nahe dem Ursprung wohnet, den Ort«, so lautete es im Volksschullesebuch der frühen fünfziger Jahre schlicht »Wer d' Hoimet hot am Neckar, den zieht's net in die Welt«. So läßt sich die Heimatliebe der Württemberger durch alle Zeiten und Schichten der Bevölkerung verfolgen und kontrastiert, freilich nur vordergründig, zur bekannten Reiselust der Schwaben. Allein schon der Schwäbische Albverein, mit weit über hunderttausend Mitgliedern die stärkste Organisation im Lande, zeugt von dieser Heimatliebe der Landeskinder. Aber auch der Schwarzwaldverein, der Schwäbische Heimatbund und viele andere Heimat- und Geschichtsvereine offenbaren die Verbundenheit der Württemberger mit ihrer Heimat. Auch bei Auslandsschwaben hält sie oft lebenslänglich an, nicht zuletzt dank »Schwaben international«. All die vielen Heimatforscher und Heimatdichter – von den großen Vertretern ihrer Zunft oft zu Unrecht belächelt – sind jedoch die wahren Idealisten, die, vom »Landespreis für Heimatforschung« der Genossenschaftsbanken abgesehen, kaum einen Lohn für ihre Arbeit erwarten können. Dennoch bildet ihre Arbeit den Nährboden für die württembergische Volkskultur, die freilich selbst im württembergischen Kernland kaum noch unverfälscht anzutreffen ist. So spielte ausgerechnet bei der Eröffnung des Museums für Volkskultur in Württemberg in Waldenbuch 1989 eine Kapelle »Lubomir« als Auftakt die »Kaiserjäger«, und sogar alteingesessene »Reigschmeckte« wunderten sich darüber. Aber für viele Musikvereine im Lande gilt eben: »Aus Behmen kommt die Musik.« Schwäbisch geht es auch nur noch selten im Süddeutschen Rundfunk zu. Württembergische Ortsnamen werden dort oft geradezu abenteuerlich ausgesprochen. In einer Stadt mit fast 25 Prozent Ausländern, wie Stuttgart, fällt dies freilich nicht jedem auf. In der multikulturellen Gesellschaft der Zukunft, die wohl unvermeidbar ist,

sollten jedoch auch der Württemberger, das Schwäbische und die schwäbischen Tugenden ihren Platz haben. Nicht jeder Württemberger ist ein polyglotter Intellektueller, und auch in ferner Zeit sollte eine Anna Schäufele noch ihren Platz in der Stuttgarter Gesellschaft finden. Das Problem der Idenditätsfindung ist für alle Fremden im Land schwierig, droht aber da und dort auch schon für die Einheimischen kompliziert zu werden. Wenn es nicht gewünscht wird, daß in einer mobilen Gesellschaft nur noch flachwurzelnde Menschen vorkommen und die Einwurzelung in die Tiefe der Landeskultur ein Ziel sein soll, dann wird man in der Kulturarbeit für die »einheimischen Ausländer« und die Einheimischen selbst noch sehr viel mehr tun müssen.

In Homers Odyssee heißt es: »Denn nichts ist doch süßer als unsere Heimat und Eltern. Wenn man auch in der Fern' ein Haus voll köstlicher Güter unter fremden Leuten, getrennt von den Seinen, bewohnet.« Viele ältere Heimatvertriebene werden nach fast fünfzig Jahren im Lande die Richtigkeit dieser Weisheit bestätigen und den Verlust ihrer Heimat lebenslänglich als Narbe im Herzen mit sich tragen. Wie mag es da erst den vielen Ausländern aus den fernsten Ländern Europas, Afrikas oder Asiens gehen? Die alten Römer, die viel von der Welt kannten, formulierten: »Ubi bene ibi patria«, was meistens falsch übersetzt wird mit: »Wo es mir gutgeht, ist meine Heimat, mein Vaterland.« Dies aber stimmt eben nicht (siehe Homer), denn richtig übersetzt muß es heißen: »Wo ich ein guter Mensch sein kann, da ist meine Heimat.«

Für die meisten Württemberger wird Heimat ein geographisch-kultureller Begriff bleiben. Auch wenn Coca-Cola,

McDonald's und Benetton uns die ganze Welt als Heimat vorspiegeln wollen, wird nur ein völlig bindungsloser Mensch den »Hamburger« als Ausdruck von Heimat empfinden. Bindungslosigkeit ist freilich ein Lebenprinzip der modernen Gesellschaft geworden. Hoffen wir daher, daß der skeptische Soziologe Helmut Schelsky nicht recht hat, wenn er schreibt:
»Der Gegensatz von Heimat und Fremde . . . beginnt wie viele andere Dualismen des 19. Jahrhunderts unwirksam zu werden. Das Gesetz der Fremde hat längst unsere Gesellschaft insgesamt ergriffen.« Hoffen wir dagegen mit Ernst Bloch, daß der Mensch seine letzte Heimat noch nicht erreicht hat, und hoffen wir ferner, daß es auf dem Weg dorthin noch lange heißen mag: »Hie gut Württemberg allewege.«

Der Schwabe als Weltbürger

Im Jahre 1492 entdeckte Kolumbus Amerika, und 1493 konstruierte der Tübinger Mathematikprofessor Johannes Stoeffler einen Himmelsglobus und bewies damit schon zu Beginn der Neuzeit, daß das Denken der Württemberger mehr als global ist. Heute nimmt das alte Württemberg als Teil des Bundeslandes Baden-Württemberg eine ausgesprochene Randlage im vereinigten Deutschland ein, und man könnte nicht einmal widersprechen, wenn die Berliner es als Provinz bezeichnen würden. Doch diese deutsche Provinz liegt immerhin im Herzen Europas und kommuniziert wirtschaftlich und kulturell intensiv mit ihm. Zwangsläufig wurde es einer der »vier Motoren« Europas, wobei es sich mit seinen Partnerregionen Katalonien, der Lombardei und dem Departement Rhône-Alpes leicht größenwahnsinnig vorgenommen hat, die europäische Entwicklung zu beschleunigen. Mangels Geld tuckern die Motoren aber nur noch. Das Ziel dürfte jedoch auch so erreicht werden.
Die Devise »Bald gras ich am Neckar, bald gras ich am Rhein« gilt schon lange nicht mehr als passend für schwäbische Unternehmer und Politiker. Die württembergische Industrie braucht Märkte auf der ganzen Welt, und darum jettete Lothar Späth um den Globus, bis er nicht

mehr wußte, auf wessen Kosten er in welchem Flugzeug saß, was ihm ja dann auch zum Verhängnis wurde.
Auch zu Hause gibt sich der Schwabe weltmännisch. Bestünde die Weltkultur nur aus der Werbung für Benetton, Stuyvesant, McDonald's und ähnliche Produkte, wäre sie in Stuttgart schon verwirklicht. Fast 25 Prozent »Deutsche mit fremden Paß« in Stuttgart sorgen für »united colours«. Die jüngere Generation kommt blendend damit zurecht. Etwas hilflos tappen dagegen ältere Einwohner nicht nur vom Schlage der Anna Schäufele aus Kaltental an großen Plakatwänden vorbei, auf denen Popgruppen aus der ganzen Welt angekündigt werden. Sie reagieren auch nicht gerade begeistert, wenn sie ihre Brezel jetzt im »back shop« und nicht mehr in der Bäckerei oder wie früher beim »Beck« kaufen dürfen.
Nach den USA Ausgewanderte reagieren bei einem Besuch in der alten Heimat hingegen fröhlich darauf, wenn bei der Fahrt vom Flughafen zur Stadt zwischen lauter amerikanischen Hits im Radio plötzlich der deutsche Verkehrsfunk zu hören ist, und finden es toll, daß AFN jetzt auch den deutschen Verkehrsfunk bringe. Sie müssen sich dann aber belehren lassen, daß es sich nicht um AFN, sondern um SDR 3 handele. So sind wir Deutschen allgemein, im Bestreben »up to date« zu sein, sozusagen das »amerikanischste Land« außerhalb Amerikas geworden, und den Amerikanern darf man dafür zuletzt die Schuld geben. Andererseits ist der schwäbische und vor allem der Stuttgarter Lifestyle heute wahrhaft international; das zu erkennen, genügt schon ein Blick in die Regale von »Feinkost-Böhm«. Während ältere Stuttgarter noch immer vom Wulle-Bier träumen, trinkt der junge Partyteil-

nehmer heute mexikanischen Gerstensaft – aber nur aus der Flasche – und erholt sich zwischendurch von diesem exotischen Genuß bei Sprudel, aber nicht aus Bad Teinach, Überkingen oder Ensingen, sondern natürlich aus Irland – und selbstverständlich nur aus blauen Flaschen.
Für den berühmten Bauern auf der Alb, der nur ißt, was er kennt, gäbe es heute beim Essen in Stuttgart nicht viel Auswahl. Aber man sollte daran denken, daß zum Beispiel die Kartoffel – heute unentbehrlich und wohlgelitten – erst zu Beginn des 18. Jahrhunderts durch die aus Piemont eingewanderten Waldenser ins Land kam. Vielleicht hält man in zweihundert Jahren auch Brokkoli und Zucchini für typisch schwäbisches Gemüse.
International ist auch die Namengebung bei den Kindern geworden. Die Zeit der Sieglindes, Brunhildes und Dietlindes, des Thorolf und Egbert war 1945 schlagartig vorbei, doch blieben die Namen in den fünfziger und sechziger Jahren noch recht konventionell. Seither jedoch kennt die Phantasie keine Grenzen, und eine Nicole Schäuffele, Yvonne Raible oder Tamara Pflüger fällt nirgends im Lande mehr auf. Ungewohnt, und dies nicht nur für schwäbische Ohren, klingt es aber, wenn eine Mutter ihr Kind mit einem langgedehnten Ni-co-le-le oder O-li-ver-le abends von der Straße ruft.
Die bereits zitierte Kritik von Friedrich Theodor Vischer, Stuttgart sei eine Stadt in einer Mulde, über deren Rand die Einwohner nicht blicken könnten, trifft heute nicht mehr zu. Darauf wies auch der Botschafter von Zaire 1985 bei der Wiedereröffnung des Lindenmuseums hin und führte die Wandlung nicht zuletzt auf dessen Wirken als Völkerkundemuseum zurück. In diesem Haus ist denn

auch die ganze außereuropäische Welt konzentriert, sowohl in Ausstellungsstücken als auch bei Vernissagen durch Vertreter aller Kontinente. Das Praktische im globalen Denken der Württemberger zeigt sich exemplarisch auch in diesem Haus, war es doch vom Württembergischen Verein für Handelsgeographie zunächst als eine Art Mustermesse für das heimische Gewerbe eingerichtet worden.

Der Württemberger fühlt sich aber nicht nur durch seine kulturellen und materiellen Importe als Weltbürger, sondern auch durch den Export schwäbischer Lebensart. Ein hochrangiger Importeur war beispielsweise der chinesische Außenminister Tschou en Lai, der in früheren Jahren als Student in Tübingen bei einem schwäbischen Justizbeamten als »möblierter Herr« gewohnt hatte und von der sparsamen Lebens- und Haushaltsführung des Juristen sehr beeindruckt gewesen war. Diese Eindrücke Tschou en Lais haben sich leider langfristig nicht erkennbar auf die chinesische Politik ausgewirkt; wohl eher gelang den Chinesen in den sechziger Jahren, gerade in Tübingen, durch die »MAO-Bibel« und die »Peking Review« eine spektakuläre Gegenoffensive, die aber letztlich kurzlebig blieb. Heute wird die schwäbische Kultur im Ausland vor allem durch »Schwaben International« und viele Vereine vermittelt. So fuhr mit Unterstützung der Stuttgarter Regierung ein Verein aus der Balinger Gegend nach Rußland bis ins frühere Stalingrad, um den Russen die schwäbische Kunst des Hausschlachtens zu vermitteln. Folkloregruppen reisen um die ganze Welt, um schwäbisches Brauchtum vorzuführen. Weit spektakulärer und erfolgreicher ist die Demonstration von »High-

Culture« als Seitenstück zur »High-Tech« aus dem Land. Vor allem das Ballett aus Stuttgart kündet vom kultivierten Leben in der Neckarmetropole, und die Bach-Akademie oder auch die Gächinger Kantorei sind zu Werbeträgern für die Kultur Württembergs geworden. Kein Schiller und auch kein Hölderlin müßte heute das Land wegen kultureller Enge verlassen, und auch ein Friedrich List wäre wohlgelitten, wie jeder, der »ebbes bringt«, und seien es gute Ideen. So ist der moderne Württemberger ein heimatbewußter und zugleich der Welt zugewandter Mensch, was weder ihm noch der Welt schadet.

Der Schwabe als Tourist

Jeder siebte Arbeitsplatz auf der Welt soll angeblich zur Zeit vom Tourismus abhängen. Man könnte fast meinen, die Menschheit habe nichts Besseres zu tun, als herumzureisen.

Nicht alle Völkerschaften haben freilich eine so alte touristische Tradition wie die Schwaben. Zwar sprechen böswillige Norddeutsche noch immer von den Alemannen als den »Fußkranken der Völkerwanderung«, weil diese damals von ihrer Stammregion südlich der Ostsee nur bis Südwestdeutschland zogen. Sie waren vom Bodenseee eben mehr beeindruckt als von der Ostsee, die damals als »schwäbisches Meer« (mare suevicum) bezeichnet wurde. Im übrigen ist die Wanderlust der Schwaben historisch schon früh und oft bezeugt. So heißt es etwa in einem römischen Spottvers:

»Quando Suevus nascitur
tunc in cribro ponitur, dicit ei mater
simul atque pater
foramina quot cribro
tot terras circumire.«

Was man am besten so übersetzt:

»Wenn ein Schwabe geboren wird,
legt man ihn in ein Sieb,
dann sagen Mutter und Vater ihm,
so viele Löcher wie das Sieb hat,
so viele Länder soll er bereisen.«

Im Umlauf ist auch eine Anekdote, die zwar nicht wahr, aber doch bezeichnend ist: Kolumbus habe bei der Entdeckung Amerikas einen Schwaben dabeigehabt, der beim Verlassen des Schiffes rief: »Isch au ebber vo Böblinge do?« – »Noi«, schallte es ihm entgegen, »aber vo Sendelfinge.«
Dieser Scherz hat ein klassisches Vorbild, soll doch einmal ein Hechinger beim Betreten der Insel Rhodos in dem berühmt-berüchtigten »Hechinger Latein« gerufen haben: »Non est uspiam inter vos bonus aliquis socius ex Hechinga«, auf deutsch: »Isch auch ein guter Kumpel aus Hechinga do?«
Unfreiwillige Touristen waren die Heerscharen von Auswanderern, die aus wirtschaftlicher Not vor allem im 19. Jahrhundert das Land verlassen mußten und oft noch heute als Ferment schwäbischer Tüchtigkeit in ihrer neuen Heimat, vornehmlich in Amerika, wirken.
Den echten Württemberger zieht es aber auch heute nicht »nur so« in die Welt. Er überlegt zumindest, ob er nicht »ebber« unterwegs besuchen könnte oder gar etwas Geschäftliches erledigen. Sitzt er dann auf Samoa, überlegt er, was er eigentlich zu Hause tun müßte. So ist denn auch die berühmteste Stelle im Werk Thaddäus Trolls die geworden, in der er beschreibt, wie ein Württemberger in Australien sitzt und daran denken muß, daß es jetzt da-

heim eigentlich Zeit sei, »d' Bäum« zu schneiden. Das richtige »Timing« des Urlaubs ist für einen schwäbischen Touristen ohnehin ein schwieriges Problem: wegen des Gartens und des Wetters. Grundregel ist, daß im Garten nichts mehr zu tun sein und es noch nicht schneien darf, so daß der November für den württembergischen Touristen ideal ist. Auch das Wetter am Urlaubsort sollte »sicher« sein. Doch dieses entzieht sich Gott sei Dank noch immer der menschlichen Planung, sonst gäbe es wohl in jeder Gemeinde des Landes ein anderes Wetter. Selbst der erfindungsreiche Horber Stadtrat, der nach der Sage vor Zeiten einen Wettermacher beauftragen wollte, nahm von diesem kreativen Plan wieder Abstand; heute hätte er dafür schon gar kein Geld mehr.

Insgesamt zeichnet den Württemberger eine interessante Mischung aus Fernweh und Heimatliebe aus. Bezeichnenderweise gab und gibt es im Lande auch etliche Flugzeugkonstrukteure, wie zum Beispiel Hellmuth Hirth, Claude Dornier oder Ernst Heinkel und vor ihnen den noch immer hochgeachteten Grafen Zeppelin, dessen eigentliches Verdienst aus heutiger Sicht darin besteht, die militärische Luftfahrt jahrzehntelang in eine Sackgasse gelenkt zu haben.

Keine geringe Rolle spielen die Schwaben heute auch beim Kapitaltourismus nach Luxemburg, in die Schweiz und nach Österreich, und auch beim hochmodernen »Mülltourismus« sind sie führend beteiligt. Ganz fleißig sind dabei die Esslinger und Ulmer. Napoleon würde sich vermutlich im Grabe herumdrehen, wenn er wüßte, daß die Ulmer heute, vielleicht als Rache für seinen Sieg bei Ulm/Elchingen, ihren Müll in Frankreich abkippen.

Ein gespaltenes Verhältnis hat der echte Württemberger aber zu den Touristen und überhaupt den Fremden im eigenen Lande, würde er doch die Schönheit und auch die »Schönheiten« des Landes gern für sich behalten, wenn er das Geld der Urlauber nicht bräuchte. Da paßt es ins Bild, daß die Bewohner der Schwäbischen Alb die ersten Wegweiser zu anderen Orten, die von der Regierung aufgestellt wurden, nachts wieder herausrissen und verschwinden ließen. Sie selbst wüßten schließlich »wo's no geht«, und andere ginge es nichts an. Fast selbstverständlich ist es heute, daß die Schwäbische Alb durch den Albverein touristisch seit langem hervorragend erschlossen ist. Freilich gab es bis vor kurzem, im Gegensatz zu den berühmten Fernwanderwegen des Schwarzwaldvereins, keine solchen auf der Alb. Zu Hause denkt und lebt der Württemberger eben kleinräumig.
So fährt der Schwabe mit einem für Ferntouristik berühmten Reisebüro gern in die fernsten Regionen der Welt, ausruhen tut er sich dann aber lieber wieder daheim, zum Beispiel in dem großen Hotel dieser Firma an einem schönen See im Schwarzwald, der nur den Nachteil hat, im badischen Teil des Landes zu liegen. Auf eine Prise Exotik möchte er eben auch beim Ausruhen nicht verzichten.

Der Schwabe als Poet

»Der Schiller und der Uhland,
der Hegel und der Hauff,
das ist bei uns die Regel,
das fällt uns gar nicht auf!«

So lautet ein bekannter Vers, der ironisch gemeint war. Doch die schwäbischen Landsleute des Verfassers Eduard Paulus übersahen die Ironie, und manche ergehen sich noch heute in Besitzerstolz auf die Blüte der Literatur im Württemberg des achtzehnten und neunzehnten Jahrhunderts. Doch wie sieht es heute aus?
Schiller hat keine Nachfolger gefunden. Der Schiller-Preis ging in den letzten Jahren regelmäßig an Autorinnen und Autoren aus der früheren DDR. Gedeiht große Literatur nur in autoritären Systemen, könnte man fragen, oder sind Freiheit und Menschenwürde bei uns schon so verwirklicht, daß kein Dichter mehr dafür kämpft?
Wo sind die Nachfahren Uhlands? Die traute Kapelle steht immer noch auf dem Spitzberg über Wurmlingen, doch einen Dichter und Politiker wie Uhland gibt's nicht mehr. Heute sind die Abgeordneten im Landtag schon froh, wenn sie im Plenum ihren Sprechzettel ablesen können, ohne zu gacksen.

Und Hegels Erben? Oje, oje! Der letzte Philosoph von Rang im Lande, Ernst Bloch, steht seit dem Zusammenbruch des Sozialismus nicht mehr hoch im Kurs; auch kam er ja via DDR aus Ludwigshafen. Und Heidegger, an dessen Nachruhm schon seit längerem fest und zu Recht gekratzt wird, war bekanntlich auch kein Württemberger. Und wer vertritt Hauff heute? »Kalte Herzen« gibt es genug im Lande, aber niemand, der sie beschreibt . . .

Das waren halt noch Zeiten, als Hegel, Hölderlin und Schelling im Tübinger Stift waren oder die »Geniepromotion« mit Wilhelm Zimmermann, David Friedrich Strauss und Friedrich Theodor Vischer vom Blaubeurener Seminar her anrückte. Der altwürttembergische Bildungsweg über Seminar und Stift hat eben, wie so vieles Geistige in diesem Jahrhundert, seine Kraft verloren. Heute wär man schon für einen Herwegh dankbar, damit ein wenig Farbe in die »ausgewogene« Landschaft kommt, in der sich alles so schön »mediengerecht« verhält.

Peter Härtling zog es nach Darmstadt, Hermann Lenz ging nach München, und gäbe es nicht Martin Walser und Walter Jens, wäre die publizistische Szene an Großmeistern schon ganz verarmt. Doch Martin Walser ist Alemanne, Walter Jens, der streitbare Rhetor, ist auch kein Schwabe, sondern Hamburger.

Mancher schwäbische Autor des 19. Jahrhunderts, der schon von kritischen Zeitgenossen wie Heinrich Heine mit beißendem Spott überschüttet wurde, ist heute fast völlig vergessen. Mörike hat seinen Ehrenplatz behalten. Auch Justinus Kerner winkt mit manchem Gedicht noch aus dem Grabe, aber wer beschäftigt sich noch mit Gustav Schwab, laut Heine »der Hering unter den Sardellen«, oder gar mit den Hervorbringungen des Amtsrichters Karl Mayer?

»Veigelespoesie« und überhaupt die Verskultur stehen in den verbliebenen Resten des Bürgertums freilich noch heute in Blüte. Doch sonst könnte man in Anlehnung an ein Studentenlied seufzen: »Vergebens spähe ich umher, ich sehe keine Dichter mehr.« Die württembergische Szene wird geprägt von Klein- und Minimeistern, und Karl Napf schließt sich da nicht aus. Bei anstrengendem Hauptberuf bleibt ihm nur die Devise des verehrten Nestroy, mit dem Schreiben »weder Lorbeerkranz noch Bettelstab« anzustreben. So leben vom Schreiben im Lande denn auch nur ganz wenige, und auch sie hängen am Tropf des Fernsehens und des Rundfunks. Fast alle anderen werden von einem Hauptberuf gefordert und gefördert. Manch »freier« Schriftsteller und vor allem auch manche »freie« Schriftstellerin im Nachwuchsalter hüpft dagegen von Stipendium zu Preis und von Preis zu Stipendium; spätestens, wenn irgendwann zwischen ihrem fünfzigsten und sechzigsten Jahr die Nachwuchsförderung aussetzt und immer noch kein Erfolg da ist, beginnen sie, ihre Existenz zu beklagen.

Auch von dem alten Hort der Wortkultur, dem schriftstellerischen Potential der Pfarrer und Lehrer, ist wenig übriggeblieben. Das »Seelenmanagement« kostet die Theologen viel Zeit; da ist ein Mörike nicht mehr vorstellbar. Auch die Lehrer sind von den zivilisationsgeschädigten Kindern an ihren Schulen so gestreßt, daß sie sich als Schriftsteller nicht mehr voll entfalten können, es sei denn, sie lassen sich krankheitshalber früh pensionieren und werden dann »freie« Schriftsteller.

Insgesamt geht es den schwäbischen »Nebenerwerbsschriftsstellern«, gestützt auf den Hauptberuf und die Literaturförderung, recht gut, und wer satt zu essen hat, schreit nicht nach Reformen oder gar Revolution. Eine noch immer weitgehend satte Gesellschaft produziert auch satte Schriftsteller. Kreativität, die ja häufig aus Zwangslagen, aus seelischer, geistiger oder körperlicher Not entsteht, kommt in einer Wohlstandsgesellschaft eben seltener zum Vorschein als zur Zeit Schillers oder im unsozialen 19. Jahrhundert. Aber dies kann sich rasch ändern. Freilich wäre es traurig, wenn nur Not erfinderisch machen würde. Doch sollte man nicht übersehen, daß auch Heroen wie Schiller nicht nur wegen hehrer Ideale schrieben, sondern weil sie in politisch und wirtschaftlich schwierigen Zeiten eine Familie unterhalten mußten.

Noch aber geht es den württembergischen Schriftstellern nicht gerade schlecht, was dazu führt, daß viele politische und soziale Probleme in der Bevölkerung von ihnen gar nicht mehr wahrgenommen werden. Entsprechend groß ist dagegen – o wie menschlich – ihre Furcht vor dem Finanzamt. Da wird von vielen größter Wert darauf gelegt, Honorare für Lesungen sofort in bar zu kassieren. Nur keine Belege, heißt die Devise! Es menschelt halt überall.

Rund tausend Schriftsteller verzeichnet das Autorenverzeichnis für Baden-Württemberg und spiegelt eine literarische Fülle vor, die es nicht gibt, könnten doch die meisten Landeskinder nicht einmal fünf aufzählen. Freilich soll dies bezüglich der Kabinettsmitglieder in Stuttgart genauso sein, was aber ein schwacher Trost ist.

Alle Autoren – bekannt oder nicht – wollen auch gelesen

sein. Das Lesen scheint dem modernen Menschen freilich kaum noch zumutbar, zumal man dabei nicht wie beim Radiohören oder beim Fernsehen nebenher noch etwas »Sinnvolleres« tun kann. Zwar verbraucht man beim Lesen nur zwei bis drei Kalorien pro Stunde, dennoch gilt es als anstrengend.

Insgesamt prägen die vielen Schriftsteller, ebenso wie viele zum Teil noch liebenswert kleine Buchhandlungen und etliche Verlage, das Bild der Buchkultur in Württemberg. Das »Haus des Buches« ließ man aber ohne Bemühen nach München ziehen; womöglich hätte es die Stadt Stuttgart, die zwar gern Geld für den Sport, ungern aber für Kultur ausgibt, etwas gekostet. Doch trotz der beachtlichen Dimension der restlichen Buchkultur ist die Szene nicht mehr die des 19. oder 18. Jahrhunderts Wahrscheinlich ist es schon so, wie der schriftstellernde Lehrer am Stammtisch meinte, als sein skeptischer Freund resigniert sagte: »Der Schiller und der Goethe waren halt noch eine Klasse für sich.« – »Des scho«, antwortete ungebrochen der Pädagoge auf dem Pegasus, »des scho, aber die hen au viel meh Zeit ghet!«

Der Schwabe als Liebhaber

Nach neueren Erkenntnissen gilt die Liebe nicht mehr romantisch als eine Himmelsmacht, sondern nur noch als hormonelle Störung. Freilich als hormonelle Störung mit himmlischem Wohlgefühl. Allgemein bekannt und auch in Württemberg belegbar ist, daß die Liebe durch den Magen geht. Weniger bekannt, aber im Schwäbischen gut nachweisbar, ist, daß die Liebe manchmal auch durch das Grundbuch geht. So versichern alte Beamte des gehobenen Dienstes, daß zu der Zeit, als die Grundbücher noch auf den Rathäusern geführt wurden, die Lieblingstätigkeit der Verwaltungsstifte darin bestanden habe, zwecks gezielter Freizeitgestaltung im Grundbuch nach den reichsten Mädchen im Dorf zu suchen. »Liebe vergeht, aber ein Hektar besteht«, lautet denn auch ein Ratschlag für Heiratswillige, der sich vor allem im ländlichen Raum seit alters bewährt hat. Wie beim Adel diente auch bei den Bauern früher so manche Eheschließung der Arrondierung des Besitzes, und das Merkwürdige ist, daß diese Ehen zu halten pflegten, während von den modernen Liebesehen jede dritte, in Ballungsräumen jede zweite, geschieden wird.

Am Vermögen fehlt es vielen Württembergerinnen und Württembergern heute nicht mehr, und auch die pietistische Scheu der Geschlechter voreinander, die in den fünfziger Jahren in Württemberg durchaus noch bestand, hemmt das Liebesleben der jungen Landeskinder nicht mehr. Ein Lehrer, der sich wie der frühere Kultusminister Simpfendörfer mit den Worten »I be net gege 's Tanze, aber halt gege 's Tanze zu zweit« zur Tanzstunde äußerte, würde heute landesweit als Unikum bestaunt. Dies, obwohl der Individualismus unserer Zeit inzwischen die Tänzer tatsächlich vor allem einzeln tanzen läßt. Streng sind heute nur noch manche Amtsgerichte, wie eines im Süden unseres Landes, das einem wegen Unterhaltspflichtverletzung Angeklagten die goldene Regel mit auf den Weg gab: »Wer den Hosenladen aufmacht, muß auch den Geldbeutel aufmachen.« Volkstümlicher hätte auch der frühere Amtsrichter Dodel aus Blaubeuren die »Kavalierspflichten« nicht umschreiben können. Bis es »so weit« kommt und ein lediges Kind geboren wird, ist es freilich oft ein langer Weg.

Auch wenn in den Städten die Singles schon lange dominieren, auf dem Lande wird immer noch geheiratet, und dazu braucht der junge Schwabe auch heute noch die richtigen Maßstäbe. Von Lebensklugheit sprechen Leitsätze wie »Reiche Mädle esset au net meh«; schließlich will die Ehefrau kostengünstig verhalten sein. Schon »idealistischer« mutet dagegen ein Erfahrungssatz an wie »Scheene Mädle esset au net meh«. Das Ideal wäre dann wohl die noch nie gehörte Kombination, die gleichfalls möglich erscheint: »Reiche und scheene Mädle esset au net meh.« Bei dieser Grundhaltung vieler Württemberger vermag man erst den Edelmut eines jungen Lehrers aus Südwürttemberg zu beurteilen, der von einem »Mensch«

aus dem Zollerischen mit den Worten »I han 40 000 Mark auf em Büchle, ohne de Wald« in die Ehe gelockt werden sollte. Aufgrund einer heftigen »hormonellen Störung« heiratete er aber ein mittelloses Flüchtlingsmädchen, das noch nicht einmal »rechtgläubig« war. Da das Gute auf Erden, wenn man es glaubt, immer belohnt wird, erbte das Flüchtlingsmädchen nach der Wiedervereinigung viel Land im Osten, und die beiden brachten es bis zur Vermögenssteuerpflicht. Ein Ziel, das jedes württembergische Ehepaar sich schon im Interesse seiner Nachfahren setzen sollte.

Wie das Beispiel zeigt, denkt der echte Schwabe aber in der Liebe und beim Heiraten nicht nur an das liebe Geld. Es ist auch eine böse Behauptung, er wolle nach dem Gang zu einer Prostituierten von dieser noch ein Honorar zur Belohnung. Richtig ist, daß viele junge Schwaben, auch wenn sie sich zeitgemäß »cool« geben, durchaus zärtlich und gefühlvoll sein können. Sogar zur Sentimentalität sind sie noch fähig.

Als großer Liebestest für alle Frauen, die in Schwaben heiraten wollen, sei daher folgende Prüfung empfohlen: Nach der diskreten Überprüfung der Konten- und Grundbücher sperre man alle Kandidaten in einen abgeschlossenen Raum, in dem so viele Bierkästen stehen, daß auf jeden Bewerber fünf bis sechs Flaschen Bier kommen. Dazu sollten ausreichend viele weltliche Gesangbücher im Raum sein. Der gute Schwabe wird alsbald zu singen anfangen, wobei man die Prüflinge ruhig gewähren lassen sollte. Zu vorgerückter Stunde wäre dann die Weisung auszugeben, das schöne Lied »Jetzt gang i durch's Wiesetal na« anzustimmen, falls die Sänger nicht schon

von allein daraufgekommen sind. Wer beim Schlußvers »I han ja kei Schätzele meh« am lautesten schluchzt, hat gewonnen. Er ist ein Mann von Gefühl und Herz und durch keinen Computer ersetzbar, anders als man es von manchem coolen Betriebswirt behauptet. So einen kann man heiraten. Für so einen wird die Hochzeit dann auch ein denkwürdiger Tag und nicht nur eine Störung der Dienstgeschäfte, wie bei jenem Tübinger Finanzbeamten, der morgens zum Heiraten geschwind zwei Stunden freinahm und mittags schon wieder hinter seinen geliebten Akten saß. Freilich sollte zum rechten Gefühl des Bräutigams auch die rechte ökonomische württembergische Gesinnung kommen, wie sie ein Calwer Brautpaar kürzlich eindrucksvoll dokumentierte. Als das Paar nach der Trauung aus dem Kirchenportal trat, flüsterte der Bräutigam seiner frisch Angetrauten zärtlich etwas ins Ohr, worauf die Braut vor Freude zu strahlen anfing. Alle Umstehenden wollten wissen, was wohl die Zauberbotschaft gewesen sei, aber nur ein altes Fräulein hatte sie gehört und berichtete etwas genant, er habe gesagt: »So, Ingrid, jetzt schpare mir au fescht mitanander.« Glücklich das Land, in dem man mit solch einer Aussage eine junge Frau noch in Begeisterung versetzen kann.
Bei solch einer Einstellung ist es fast unvermeidbar, daß mit vorrückendem Alter, wenn die körperlichen Reize der Ehepartner abnehmen, dafür das gemeinsame Vermögen zunimmt, wodurch die Partner manchmal auch unzertrennlich werden. So soll einmal in Reutlingen eine Scheidung aus der high society nach jahrelangem Prozeß schließlich doch unterblieben sein, weil man das Vermögen nicht mehr sinnvoll aufteilen konnte.

Für die Ehe gilt eben, wie für so manches im Leben, der Grundsatz: »Durchhalten führt zum Erfolg.« Nicht immer stellt sich dieser aber so deutlich und dazu noch in klingender Münze ein, wie bei der diamantenen Hochzeit eines Horber Ehepaares. In Anbetracht der Glückwünsche und Geldgeschenke des Bundespräsidenten wie des Ministerpräsidenten und vieler anderer Ehrungen und Geschenke meinte der 91jährige Jubilar trocken und erleichtert zugleich: »So, no hot sich's schließlich doch no g'lohnt.«

Die Schwäbin als Liebhaberin

Die älteste bekannte Schwäbin trägt den Namen eines Mannes, wird sie doch gemeinhin »homo steinheimensis« oder Steinheimer Mensch genannt. Sie ist etwa 2 500 000 Jahre alt, und ihr Schädel wurde – eine weltweite Sensation – in einem Steinbruch bei Steinheim an der Murr gefunden. Über ihr prähistorisches Liebesleben ist leider nichts bekannt. Es dürfte recht urwüchsig und wenig differenziert verlaufen sein.

Mit dem Eintritt in die Geschichte finden sich bereits die ersten schriftlichen Belege für die Liebeskraft der Schwäbinnen. Der lateinische Schriftsteller Ausonius, der im vierten Jahrhundert n. Chr. an einem Feldzug gegen die Alamannen teilnahm, erhielt als Anteil an der Kriegsbeute eine junge alamannische Sklavin namens Bissula, die er in seinen Gedichten unter anderem so besang:

»Herzblatt, Wonne, Zeitvertreib, Liebe, Lust,
Barbarenkind! Und doch stellst du die Mädchen Latiums in den Schatten . . .«

Auch das Mittelalter wußte von vortrefflichen Schwäbinnen, wie etwa Gisela von Schwaben, der »unentbehrlichen Gefährtin« des Kaisers Konrad II., oder Gräfin Mechthild, die an ihrem Hof in Rottenburg dem Minnesang eine letzte Zufluchtsstätte bot.

Besonders gelobt wurde häufig der große Kindersegen der Schwäbinnen; er veranlaßte die Römer zu der ironischen Feststellung: »Suevi non sunt nati, sed seminati«, das heißt: »Die Schwaben werden nicht geboren, sondern gesät.«

Kein Wunder, daß eine Württembergerin aus Bönnigheim den quantitativen Weltfruchtbarkeitsrekord aufstellte. Als sie 1503 starb, hatte diese Barbara Stratzmann geb. Schmotzerin durch fleißige Mehrfachgeburten nicht weniger als 53 Kinder zur Welt gebracht. Und dies, obwohl weder Kindergeld noch das Guinnessbuch der Rekorde lockten. Aber auch ein qualitativer Fruchtbarkeitsrekord fällt nach Württemberg. Von den Töchtern des Reformators Johannes Brenz, Barbara, Sofie und Agathe, stammt nämlich ein großer Teil des schwäbischen Geistesadels ab, und als ihre Nachfahren seien nur genannt: Wilhelm Hauff, Georg Wilhelm Friedrich Hegel, Ludwig Uhland, Ottilie Wildermuth, Dietrich Bonhoeffer, Hermann Hesse und Ludwig Finckh.

Insgesamt scheinen die Schwäbinnen und Schwaben im ausgehenden Mittelalter recht lustige Leut gewesen zu sein. So meldet eine Quelle aus dem Jahr 1520: »Die Schwaben gelten als geil und versorgen Deutschland mit Huren!« Hoppla, wird der geneigte Leser denken, aber auch eine weitere Fundstelle aus dem Jahr 1542 vermeldet: »Schwabenlandt gibt huren genug.« Freilich, mit dem Aufkommen des Pietismus sollte mit dieser Lebens- und Liebeslust bald ein Ende sein, und Württemberg wurde zum »lutherischen Spanien«, in dem die Fleischeslust gar streng verpönt war, bis Oswald Kolle und die Liberalisierung nach 1968 Frau Venus wieder in höheres Ansehen brachten. Selbst das Tanzen war in der Hochblüte des Pietismus so verpönt, daß es in einem Liederbuch aus jener Zeit drohend hieß: »Du eilst zum Tanz, dir hüpft das Herz, du springst mit deinen leichten Füßen, indessen muß dein Heiland büßen.« Im 19. Jahrhundert müssen die Schwäbinnen, wenigstens auf dem Land, wieder sehr in Form gewesen sein. Damals hat ein anonymer Norddeutscher seine »Culturbilder aus Württemberg« herausgebracht und darin folgende Begebenheit notiert, die auch Thaddäus Troll amüsiert hat: »Im Herbst und im Winter thut das württembergische Mädchen kaum etwas anderes, als daß es mit seinem Burschen die ganze Zeit hindurch in einer belebten Kneipe zubringt und neben ihm Wein oder Bier trinkt.« Der Schreiber dieser Zeilen hat einmal in einer Dorfkneipe ein junges Liebespaar beobachtet, welches Hand in Hand sitzend in ziemlich kurzer Zeit nachmittags sieben Schoppen (halbe Liter) Bier trank und zwei rote Würste aß, welche die Geliebte bezahlte, worauf beide bei beginnender Dämmerung sehr geröthet den Heimweg antraten. »Sogar zahlt hot se, wenn des kei Sach ischt!« In Tübinger Studentenwirtschaften kann ein derartiges Verhalten freilich auch heute noch beobachtet werden. Generell ist zu sagen, daß mit nachlassender Wirkung des Pietismus die Sitten auch in Württemberg sich der allgemeinen Entwicklung angepaßt haben, wobei vielleicht als Besonderheit eine gewisse Bodenständigkeit bei »Sexskandalen« zu vermelden ist, wie zum Beispiel beim berühmten »Heilbronner Brezelspiel«, das in den anfänglich noch prüden sechziger Jahren die Gemüter im Lande nicht wenig erhitzte. (Männlein und Weiblein saßen sich »in Linie« gegenüber,

wobei die Weiblein über einen bestimmten Körperteil der Männlein eine Brezel werfen mußten. Wer traf, durfte das Männlein für eine Nacht behalten.)
Auch im 20. Jahrhundert hat die Schwäbin ihren Ruf als gute Geliebte behaupten können, und im Gegensatz zu guten Geliebten aus anderen Regionen ist sie, wie bereits berichtet, auch eine gute Köchin und Hausfrau. Wen wundert's da noch, wenn norddeutsche Väter ihre Söhne nach Tübingen zum Studium schicken mit der Auflage, mit gutem Examen und schwäbischer Frau zurückzukommen.
Also, die Schwäbin als Liebhaberin: Wer probt, der lobt. Insgesamt läßt sich aber speziell über die Schwäbin sagen, was manche über Frauen generell meinen, nämlich: sie seien das Beste, was es in dieser Art gebe.

Der Schwabe als Patient

Die Schwaben gelten von alters her als tapfer. Im Mittelalter trugen sie dem Heer die Reichssturmfahne voraus und hatten das wichtige und gefährliche Recht des Vorausfechtens. Im ersten Weltkrieg, als das Heer noch landsmannschaftlich gegliedert war, war das traurige Ergebnis der schwäbischen Tapferkeit, daß die württembergischen Verbände von allen deutschen Truppen die größten Verluste hatten. So können sich die Ärzte in Württemberg auch über Zimperlichkeit ihrer Patienten nicht beklagen. Noch immer gibt es hier Typen wie jenen Fuhrunternehmer, dem es bei der Amputation seines Zeigefingers furchtbar pressierte. Ob er denn noch eine Fuhre habe, meinte darauf der Chirurg. »Des net, der Tag ischt scho he«, erwiderte der Unverwüstliche, »aber zom Kegle will i halt no.«

Für zugewanderte norddeutsche Ärzte, von denen es nicht wenige gibt, ist freilich das Schwäbische oft ein Problem. Mühsam lernen sie, das »d Füaß« hier bis an die Hüfte reichen, und auch mit den Hygieneauffassungen im ländlichen Raum können sie sich nicht anfreunden. Die alte Regel: »I wasch mir all Johr an Silvester d' Füaß, ob's nethig ischt oder net«, wird zwar nur noch von wenigen streng eingehalten; aber, wenn man wegen einem bö-

sen Fuß zum »Dokter« muß, kann's schon vorkommen, daß nur der kranke Fuß gewaschen wird und dann Verlegenheit aufkommt, wenn der andere zum Vergleich gezeigt werden muß. »A bißle Dreck ischt gsund«, weiß der Volksmund eben schon lange, und darum haben die Landkinder, die noch im Stall spielen, auch viel weniger Allergien als ihre Altersgenossen in den städtischen »Sagrotan«-gereinigten Wohnungen.
Am liebsten wäre es den Württembergern und auch ihren Krankenkassen, wenn sie es mit den Ärzten halten könnten wie die alten Chinesen und sie nur bezahlen, solange sie gesund bleiben. Doch bei uns ist ein Arzt, ob er will oder nicht, gezwungen, als Unternehmer zu handeln und seine Praxis betriebswirtschaftlich zu organisieren, wobei manche Mediziner fast industrielles Niveau erreichen. Der gute alte Landarzt, der nachts um halb zwölf beim letzten Patienten vor Erschöpfung einschläft, ist im ländlichen Württemberg aber noch immer anzutreffen. Dieser weiß, daß der Schwabe vom alten Schlag, der freilich immer seltener wird, sich geniert, krank zu sein, geschweige gar »krankzufeiern«. Er müßte ja zugeben, daß er nichts schaffen kann, und nach der strengen altwürttembergischen Moral hat, wer nichts schafft, auch keinen Wert. Eine einerseits furchtbare Meinung, die auch die Euthanasie im Lande unterstützte, und noch zu Karl Napfs Jugendzeit, Ende der fünfziger Jahre auf der Oberstufe des Gymnasiums, dazu führte, daß sich die Mehrheit seiner Klasse für die Todesstrafe aussprach. Schließlich koste es viel zuviel, die zahlreichen »Zuchthäusler« zu ernähren. Andererseits ist die positive Seite dieser unerbittlichen Moral, daß zum Beispiel die AOK Balingen über lange

Jahre hinweg die niedrigsten Beitragssätze im alten Bundesgebiet hatte und die württembergischen Krankenkassen immer besser dastehen als die west- oder norddeutschen. In einem Land, in dem Friedrich Schiller die berühmten Worte formulierte: »Arbeit ist des Bürgers Zierde – Segen ist der Mühe Preis«, wirken solche Vorstellungen eben noch fort. Manchmal zum Schaden des einzelnen, insgesamt aber zum Wohl des Landes. Der Begriff des »Nassauers« stammt daher auch nicht aus Württemberg, sondern aus Hessen, doch hat er neuerdings auch hier etliche Anhänger gefunden, die ihre Kassen bis zur letzten Aspirintablette melken. »Ma hat in d' Kass ja au neizahlt.«
Im selbstbewußten schwäbischen Bauerntum, das es da und dort durchaus noch gibt, hat man immer noch Vorbehalte gegen die Ärzte und ihre Kunst, und auch die Volksmedizin ist hier noch im Schwange. Da kann man den Zorn der Magd verstehen, bei deren Hausgeburt der Arzt gespart werden sollte, und die in ihrer Not schrie: »Wenn i a Kuh wär, hättet ihr scho lang der Tierarzt gholt!« Auch ein 73jähriger Bauer war nicht sehr glücklich, als seine Familie anläßlich seines Leistenbruches erklärte: »Do macht mer nex meh«, fügte sich aber willig und wurde dann mit seinem Bruch noch 91. Kurios wird es freilich, wenn ein Landarzt auf einen Aussiedlerhof gerufen wird, er solle sofort kommen, das Töchterle habe 41 Fieber, und dem herbeigeeilten Arzt dann lächelnd erklärt wird, er könne wieder gehen, man habe zuerst der kranken Sau Fieber gemessen und dann versehentlich das Thermometer nicht heruntergeschlagen. Muß ein Bauer wegen vieler Kinder gar öfters einen Arzt holen, entstehen manchmal

die seltsamsten Aggressionen. So fing ein kinderreicher Vater im Hohenloheschen bei dem Besuch des Arztes auf seinem Hof plötzlich an zu lächeln und dann gar zu lachen. Auf die Frage des Arztes, was das solle, sein Kind sei doch schwer krank, meinte der Bauer nur: »Ach, i han bloß denkt, irgendwann wird's halt au heiße, hoscht scho ghört, der Dokter ischt gschtorbe.«

Noch merkwürdiger kann es zugehen, wenn solch ein alter Landarzt in Urlaub geht und von einem Nachwuchsmediziner der Turnschuhgeneration in Blue Jeans vertreten wird. Einem solchen wurde einmal in einem Schwarzwalddorf die Tür nicht geöffnet, obwohl er die Patientin am Fenster gesehen hatte. Unverrichteterdinge in die Praxis zurückgekehrt, bat er die Sprechstundenhilfe, bei der Kranken anzurufen; sie mußte sich dann folgendes anhören: »Was, des soll der Dokter gwä sei, i han gmeint, des sei der ›Nudel-Peter‹, den laß i nämlich net rei!«

Ein solches Publikum erfordert auch vom Arzt eine deutliche Sprache. Erstaunt war aber ein Doktor auf der Alb, als er einem alten Patienten, der kläglich vor ihm saß, erklärte: »Karle, du sitzt scho mit em halbe Arsch auf em Sargdeckel.« – »No will i no die ander Hälfte schone«, sprach dieser, stand schnell auf, zog sich an und verschwand. Nur noch selten reden die Ärzte lateinisch, womit sie früher ihre Diagnosen vor den Patienten tarnten. Junge Doktoren können heute schon fast kein Latein mehr. Deshalb wunderte sich eine Röntgenassistentin in Böblingen sehr, als ihr Chef eine reiche Frau aus dem Gäu wegen einer Kieferhöhlenentzündung röntgen mußte. Das Röntgen soll sehr lange gedauert haben und etwa so verlaufen sein: »So, jetzt der Kopf, jawohl sehr schön,

und dann ›multam pecuniam habet‹, vielleicht sicherheitshalber noch das linke Knie, ›multam pecuniam habet‹, und dann zur Vorsicht noch die rechte Niere, jawohl, sehr schön, und dann sollte man ›multam pecuniam habet‹ immer auch nach der Lunge gucken usw.« Am Ende der langen Prozedur waren Patientin und Assistentin sehr erschöpft, der Medizinmann aber frohgemut und erklärte seiner Mitarbeiterin auf ihre Frage, was eigentlich »multam pecuniam habet« heiße, denn diesen Begriff habe sie in ihrer Ausbildung nie gehört, das bedeute schlicht und einfach: »Sie hat viel Geld.«
Rasch als Witzbold enttarnt werden konnte in der Horber Gegend ein älterer Mann, der wegen einer »Lederallergie« zum Arzt kam. Dieser war zunächst ratlos. »Leder ist doch ein organischer Stoff, ich kann mir das gar nicht vorstellen«, meinte der Doktor, »wie äußert sich das denn?« »Des isch ganz komisch«, meinte der Patient, »jeden Morgen, wenn i in d' Schuh neischlupf, han i so en Brummschädel.« So ist das Leben des Landarztes noch immer voller Überraschungen. Völlig perplex war aber ein junger Arzt auf der Lenninger Alb, zu dem einmal im September eine alte Witwe kam, um sich untersuchen zu lassen. »Ha«, erklärte der Arzt nach der Untersuchung, »Sie send zwar kei jungs Mädle me, aber soweit i sieh, hebt's no lang.« – »No bin i aber froh«, antwortete die biedere Schwäbin, »'s wär mir vor allem wege de Kohle gwese.« »Wie derf i des verstehe, wege de Kohle?« erwiderte der verblüffte Arzt. »Ha, wisset Se«, ergänzte die sparsame Württembergerin, »meine Kender hent älle Ölheizung, ond wenn i jetzt Kohle bstell ond em Oktober womöglich schon nonterschnappe tät, tätet bloß die Kohle romliege!«

Der Schwabe als Protestant

Ein Spötter behauptete einmal, die Deutschen hätten sich vom Heidentum über den Katholizismus zum Protestantismus entwickelt und seien jetzt – unter Überspringen des Katholizismus – wieder dabei, sich zum Heidentum zu bekennen. Auch wenn in Norddeutschland manches für diese These zu sprechen scheint, in Baden-Württemberg ist es noch nicht so weit, zumal hier im Pietismus ein harter Kern vorhanden ist, der im Gegensatz zu anderen evangelischen Bewegungen und Gruppen nicht jeden Trend mitmacht. In Württemberg hat die evangelische Kirche eine gewichtige und würdige Tradition, wenn man einmal davon absieht, daß ihr Gründer, der berüchtigte Herzog Ulrich, selbst unter heutigen Politikern auffallen würde – schreckte er doch nicht einmal vor Mord zurück. »Württemberger« und »evangelisch« war denn auch die Regel, bis 1805 bei Gründung des Königreichs Württemberg die katholischen Oberschwaben dazukamen. Zu einer konfessionellen Durchmischung in größerem Maße kam es aber letztlich erst durch die Ströme von Heimatvertriebenen und Flüchtlingen nach Kriegsende.

Das württembergische Kernland jedoch, das frühere Altwürttemberg, dessen Grenzen mit dem ehemaligen Herzogtum Württemberg identisch sind, ist heute noch im-

mer vom Protestantismus geprägt. Dies zeigt sich weniger im gelebten Glauben, als vielmehr, besonders bei den Älteren, in einer bestimmten »rechten« Gesinnung und vor allem in festsitzenden Einstellungen und Verhaltensweisen. Die geistlich und geistig segensreiche Wirkung des evangelischen Pfarrhauses hat nachgelassen. Zumindest im mittleren Neckarraum ist die Kirche an den Rand des Geschehens gerückt, den sie sich zudem noch mit der nach 1945 stark nach Norden vorgedrungenen katholischen Kirche und neuerdings sogar mit dem Islam teilen muß. Populäre Serien des Südfunkfernsehens über Pfarrer beziehungsweise Pfarrerinnen sind denn auch kein Beweis für die Popularität dieses Berufsstandes im Lande, sondern eher ein Indiz dafür, daß der Pfarrer zu einer fast folkloristischen Figur ohne größere gesellschaftliche Relevanz herabgesunken ist. Dementsprechend werden auch das kirchliche Leben und seine Pflichten im einst so streng kirchlich ausgerichteten Württemberg nicht mehr so ernst genommen.
»Mer sott – scho nemme« schrieb dazu die Volkskundlerin Christel Köhle-Hezinger in der Stuttgarter Zeitung. Wären nicht die Pietisten, deren Tradition für viele in materieller und seelischer Not eine Überlebenshilfe war und ist, so unterschiede sich die evangelische Kirche des Landes kaum von evangelischen Kirchen anderer Länder. Die »Fortschrittlichkeit« mancher ihrer Kreise kann im übrigen dadurch belegt werden, daß die evangelische Akademie in Bad Boll ein bevorzugter Ansatzpunkt der Stasi gewesen sein soll.
Wie die Verfassung ist die Gesellschaft im Lande inzwischen konfessionell neutral. Religiöse Konflikte gibt es

zwar immer in beiden christlichen Kirchen, aber nicht mehr zwischen diesen Lagern. Vorbei die Zeit der fünfziger Jahre, die auf Behörden – selbst auf Finanzämtern – evangelische und katholische »Parteien« kannte, und als man im Landtag für und gegen die Abschaffung der Konfessionsschule erbittert kämpfte. Kurios würde heute auch jene Protestantin wirken, die Ende der fünfziger Jahre ihren vierzehnjährigen Zeitungsausträger mit den Worten bemitleidete: »Du armer Bua, bischt katholisch ond derfsch net amol Konfirmatio feire. Do hoscht wenigstens a Päarle Socke zom Trost.« Was sich aber gehalten hat, sind viele Vorurteile und Stereotype auf beiden Seiten. Für den typischen Protestanten ist dabei evangelisch gleichbedeutend mit normal und katholisch mit andersartig, fremd, ja exotisch. Entsprechend heißt es im berühmten »Schwäbischen Wörterbuch« unter »Katholik«: ». . . ein katholischer Hut ist ein hoffärtiger Hut, mit Blumen und Federn.« – »Hoffarth oder Blendwerk treiben« war denn auch ein Vorwurf, der nach dem Krieg in den Schulen noch oft zu hören war. Als schlicht und ehrlich versteht sich der Evangelische, während er seinen katholischen Mitmenschen für falsch und verlogen hält. »Z erscht gehn se Kirsche stehle ond no zom Beichte«, lautete in Karl Napfs Volksschulzeit ein häufiger Vorwurf gegen die Katholiken.

Ein wichtiger Grundzug – nicht nur, aber vor allem beim württembergischen Protestanten – ist die »rechte Gesinnung«. Zuwanderer sollten dies aber nicht im Sinne der politischen Vokabeln »links« und »rechts« verstehen. Die Evangelischen fühlten sich als bessere Deutsche als die vom Rom abhängigen Katholiken. Man will hier »zu de rechte Leit ghere«, »a rechter Mann sei«. Aus diesem Gefühl, zu den richtigen Leuten zu gehören und nicht zu irgendwelchen geistig schillernden Elementen, wird Kraft geschöpft, aber manchmal auch ein »Hochmut der Demut« entwickelt.

Dies wird vor allem bei Evangelischen in der Diaspora im Süden des Landes deutlich, wo sie durch ihren Leistungsbezug zwar einen gewissen Respekt genießen, aber durch die hartnäckige Bekämpfung der Lebensfreude in ihrer Umgebung und in ihren Familien als fremd empfunden werden, und zwar nicht nur während der Fasnet, die noch heute eine Art psycho-soziale Wasserscheide zwischen evangelischen und katholischen Gebieten darstellt, sondern auch im Alltag. Als Gegenbegriff zum »praktizierenden Katholiken« müßte man daher vielleicht den »protestierenden Protestanten« kreieren und als sein typisches Musikinstrument die Posaune. Der Landesposaunentag in Ulm mit fünftausend gen Himmel schmetternden Posaunen ist denn auch eine charakteristische Demonstration evangelischen Geistes. Im übrigen muß man der Kirche für solche Darstellungen des Selbstbewußtseins wie beim Landesposaunentag durchaus dankbar sein, wird sie dadurch doch auch vernehmbar und gibt Zeichen der Kraft.

Trotz der engen Bindung an die evangelische Kirche hat aber auch im einstmals biederen Württemberg die Entwicklung zur Unseriosität schon weite Teile der Gesellschaft und auch des Staates, vor allem im Finanzwesen, befallen. Fast hat man den Eindruck, der biedere Schwabe, der fromme, rechtlich denkende Mensch, passe gar nicht mehr ins moderne gesellschaftliche Konzept. So sagte eine Justizperson, die es wissen muß, wörtlich: »Mit de Lompe ko mer net schaffe, aber mit de ganz rechtliche Leit au net, drom send mir die leichte Lompe die liebste.«

Schwer tun sich auch die Psychoanalytiker mit dem alten, harten württembergischen Lebensstil. So ärgerte sich einmal ein Vertreter dieser Zunft sehr über einen alten Depressiven, der alle Lebens- und Pillenrezepte des Psychiaters mit den Worten ausschlug: »A wa, i gang halt de schmale Weg, wie mei Vadder au.«

Insgesamt haben sich die Protestanten im Lande und mit ihnen die Kirche mehr an die moderne Zeit angepaßt als ihre katholischen Landsleute und deren Kirche. Was richtig war, wird erst die Zukunft zeigen. Nachdenklich macht aber das Wort eines Zynikers, der zur Situation der Kirche bei uns formulierte, die katholische Kirche werde gehaßt, die evangelische aber verachtet. Wie dem auch sei, was in Württemberg noch heute in sozialer, wirtschaftlicher und kultureller Hinsicht besser ist als in anderen Ländern, ist nicht zuletzt eine Frucht der evangelischen Kirche und des vielgeschmähten Pietismus mit seinem Arbeitsethos, das Glück als Frömmigkeit und Fleiß definiert. Im übrigen sei zum alten Streit evangelisch–katholisch auch an die Spruchweisheit erinnert, die da lautet: »Lutherisch ist gut leben und katholisch gut sterben!«

Der Schwabe als Katholik

»Das katholische Württemberg« lautete vor einiger Zeit ein Buchtitel, der evangelische Altwürttemberger recht verwirrte und sogar zu dem erstaunten Ausruf einer Stuttgarter Germanistin führte: »Ha, des ka doch net sei!« Entsprechend fühlen sich die katholischen Oberschwaben und überhaupt die ehemaligen Vorderösterreicher im Süden Württembergs noch immer nicht als echte Württemberger, fürchten sie doch zu starke Einbußen an Lebensqualität, wenn sie es den Bewohnern Nordwürttembergs gleichtun wollten. Dieses fast noch barock zu nennende Lebensgefühl hat seine Wurzel im Katholizismus, der weltweit eine glücklichere Verbindung mit der Sinnenfreude eingegangen ist als der Protestantismus, ist die Praxis in katholischen Ländern doch viel menschenfreundlicher als ihre Theorie. Bei starker Vereinfachung könnte man den Nachweis führen, daß auf der ganzen Welt der Süden katholisch, arm und fröhlich, und der Norden evangelisch, reich und ernst sei. Globale Betrachtungen verlieren zwangsläufig an Schärfe, aber in Baden-Württemberg stimmt's.

Der katholische Geist der Duldsamkeit wirkt sich in vielem aus. So behaupten Landeskenner allen Ernstes, es falle auf, daß es im katholischen Süden viel mehr unehe-

che Geburten gebe als im Norden, wo es statt dessen relativ viele Vergewaltigungen gebe. Auch die Sünde der Völlerei scheint in Oberschwaben eher toleriert zu werden, und Lehrer wollen sogar landesweit beobachtet haben, daß im Religionsunterricht die Noten für die katholischen Kinder immer wohlwollender erteilt werden als bei den »Evangelen«.

Der Katholik hält sich – und das nicht nur in Württemberg – für religiöser und frömmer als den Protestanten, dem er in religiöser Hinsicht nicht viel zutraut. So war denn eine naive Katholikin sehr erstaunt, als ihr ein kleiner Protestant etwas vom lieben Gott erzählte, zu dem sie »bei dene« gar keine Beziehung vermutet hätte. Symptomatisch ist die freilich wahrscheinlich nur gut erfundene Anekdote, bei der nach einem gemeinsamen Viertele der katholische Pfarrer zu seinem evangelischen Amtsbruder gönnerhaft zum Abschied sagte: »Nun mögen wir halt beide in unserem Glauben selig werden, Sie in Ihrem und ich im richtigen.«

Lange fühlte sich der Katholik im Lande von den Protestanten unterdrückt. Wohl nicht ganz zu unrecht, denn es gibt zu denken, daß der erste katholische Ministeralrat im Stuttgarter Kultusministerium erst in den 30er Jahren dieses Jahrhunderts auftauchte. Auch die alte Weisheit »Katholisch Kraut kocht gut in evangelischen Häfen« geht in diese Richtung.

Schließlich ist vielen Katholiken der Protestantismus auch eine Art Garant des Sittenverfalls. Atheismus, Sozialismus, Terrorismus, alles scheint ihm hier zu wachsen, und nachdenklich stimmt, daß rund 70 Prozent der linken Terroristen aus evangelischen Häusern stammen.

So prägt denn den Katholiken, vereinfacht gesagt, das gute Herz, während den Evangelischen die rechte Gesinnung im Kopf auszeichnet. Für vieles, was dem Evangelischen exotisch vorkommt, wie das Weihwasser, das Knien, der Rosenkranz, hat der Katholik einen Sinn und steht, was die Heiligenverehrung und das Wallfahren angeht, dem Mohammedaner sogar fast näher als dem Protestanten.
Die Unterschiede in der Weltbetrachtung gehen bei beiden Konfessionen durch Denken und Fühlen, und man könnte sogar von einem spezifisch katholischen Humor sprechen. Dabei fällt auf, daß der Katholik – wie auch der Jude – über seine eigene Religion moderat scherzen kann, was bei einem Protestanten nicht so leicht vorstellbar ist.
Leider gibt es außer den verdienstvollen und ergiebigen Untersuchungen der Tübinger Volkskundlerin Christel Köhle-Hezinger, die auch für dieses Kapitel beigezogen wurden, soweit ersichtlich keine wissenschaftliche Literatur zum Thema »Katholisch/evangelisch in Württemberg«. Hier winkt Volkskundlern und Religionswissenschaftlern noch viel Arbeit, die durch diese Betrachtungen nicht vorweggenommen, aber angeregt werden soll.
Wenn im übrigen im Beitrag über den Württemberger als Protestanten die Posaune als sein typisches Musikinstrument angesehen wurde, so ist es für den Katholiken – trotz ihrer Bedeutung auch im evangelischen Gottesdienst – sicher die Orgel. Und ein Orgelkonzert in einem oberschwäbischen Kloster wie etwa in Weingarten erscheint manchem wie eine Demonstration katholischer Universalität.
Hochinteressant ist das Verhältnis der christlichen Kon-

fession im Land zu den »gegnerischen« Feiertagen in »gemischt konfessionellen« Gemeinden. Das Roßbollenschmeißen von Evangelischen anläßlich der Fronleichnamsprozession der Katholiken und das (rächende) Wäscheaufhängen und Mistfahren der Katholiken am Karfreitag ist allerdings längst Vergangenheit. Gewissermaßen einen Grenzfall schildert die Anekdote des berühmten schwäbischen Landtagsabgeordneten Tiberius Fundel aus dem Lautertal auf der Alb. Er ging nach der Fronleichnamsprozession spazieren, redete eine Bäuerin in einem evangelischen Nachbardorf an und fragte, warum sie an Fronleichnam schaffe. Diese aber meinte versöhnlich: »Mir tätet scho au mit, aber mir hen koi Gschirr«, womit sie die Fronleichnamsfahnen meinte.

Interessant ist heute noch die Einstellung vieler Katholiken zum Buß- und Bettag als spezifisch evangelischem Feiertag. Für einen rechten Protestanten immer noch ein Tag der inneren Zerknirschung, ist er für so manchen Katholiken in Württemberg ein »Schafftag«, den er pragmatisch zu begehen weiß.

Als Beispiel für diese Einstellung mögen zwei Antworten aus einer kleinen Umfrage Karl Napfs nach dem Sinn des Buß- und Bettages unter Katholiken angeführt werden, die den Ansprüchen der Demoskopie auf Repräsentativität freilich nicht genügen würden. So erklärte ein Stuttgarter Kraftfahrer, der Buß- und Bettag sei ideal für Fußballänderspiele, und ein Landtagsabgeordneter aus dem ehemaligen Vorderösterreich meinte: »Also, am Bußtag wird's höchste Zeit, die Winterreifen draufzumachen. Aber halt so, daß es nehmets sieht.«

Bei allen Anfechtungen durch die moderne oder gar postmoderne Zeit ist die katholische Kirche für die weitaus meisten Katholiken im Lande nach wie vor ein sicherer Hort. Doch die Erosion auch in der katholischen Kirche wird manchmal bei Anlässen schlagartig deutlich, die man gar nicht erfinden könnte. So erklärte der Fahrer des Bischofs von Rottenburg, der aus einer katholischen Hochburg bei Horb stammte, vor einiger Zeit seinem Bischof mit dem Ausdruck des Bedauerns: »Am nächsten Samstag kann ich Sie leider nicht fahren, da muß ich zur Hochzeit von unserem Pfarrer.«

Der Schwabe als Steuerzahler

»Nur wer nicht im Staate lebt, in dem Sinne, wie man in seiner Geliebten lebt, wird sich über Abgaben beschweren. Abgaben ist der höchste Vorteil. Die Abgaben kann man als Besoldung des Staats, das ist, eines sehr mächtigen, sehr gerechten, sehr klugen und sehr amüsanten Menschen, betrachten.« Dies meinte der Romantiker Friedrich von Hardenberg, der sich Novalis nannte. Heute würde es freilich auch ein Patriot kaum noch schaffen, die Regierung wie einen klugen, amüsanten Menschen zu verehren und ihm die Steuer zu dezidieren wie ein Geschenk für eine Geliebte.

Auch in Württemberg ist der Steuerwiderstand groß, und der Regierung steht nicht mehr, wie noch im 18. Jahrhundert, die Kirche zur Verfügung, um die Untertanen an ihre Steuerpflicht zu erinnern. An den Steuerterminen Georgi und Martini wurden damals von der Kanzel herab die Gläubigen an ihre Steuerpflicht gemahnt und dazu die »kräftigen und reinen Lieder« gesungen wie zum Beispiel:

»Hilf, daß wir geben herzlich gern,
und zwar bei Zeit und richtig
was jeder seinem Oberherrn
sich weiß zu steuern pflichtig.

In Maßen es dein Wort gebeut,
das spricht: Gebt, was ihr schuldig seid
Steuer, dem sie gebühret.«

Den Abschluß eines derartigen »Steuergottesdienstes« bildete dann ein Choral auf die »Pflichten der Unterthanen«, der in der Strophe gipfelte:

»Ehre, Furcht, wem sie gebühret;
Steuer, Zoll, dem der regieret.
Gib, als gäbst du's Gott dem Herrn,
was du schuldig bist, stets gern.
Glücklich ist dann und vergnügt,
der im Schweiß die Felder pflügt;
er ist treu dem Landesherrn
und gehorcht den Obern gern.«

Diese vom früheren Vorsteher des Finanzamtes Freudenstadt, Alfons Pausch, ausgegrabenen Texte zeigen die innige Verbindung von Thron und Altar, auf welche die moderne Steuerverwaltung (zum Glück) nicht mehr zurückgreifen kann. Dabei sind die Versuchungen für den Württemberger, Gewinne an der Steuer vorbeizumogeln, heute noch viel größer geworden, liegt unser Land doch finanzstrategisch ideal im »Goldenen Dreieck« zwischen Liechtenstein, der Schweiz und Luxemburg, was für »Kapitaltouristen« sehr kurze Wege und für die Finanzbehörden ein Bermudadreieck für Steuergelder bedeutet. Das Motto »Spare in der Schweiz, dann hast du in der Not« gehört deshalb auch zum Gemeingut vieler schwäbischer Unternehmer.

Freilich bleiben nicht wenige Landeskinder auch bei der Steuerhinterziehung treu und werden dadurch zu Opfern des Fiskus. Zum Beispiel richtete ein Fabrikant auf seinem Personalcomputer eine gesonderte perfekte Schwarzgeldbuchhaltung ein, die dann zu einem willkommenen Fressen für den Betriebsprüfer wurde. Ein anderer wollte, wenn er sich schon am Anblick seines in Zürich lagernden Schwarzgeldes nicht mehr erfreuen konnte, sich wenigstens an den Kontoauszügen laben und holte diese von der dortigen Bank. Vorsorglich verwahrte er sie nicht im Handschuhfach, sondern im Reservereifen; ausgerechnet da machte der Zöllner eine Stichprobe, und das ganze liebevoll eingefädelte Geschäft flog auf. Noch größeres Pech hatte ein Arbeitgeber, dessen Mitarbeiter das schrottreife Fahrrad des Betriebsprüfers während der Prüfung auf den Müll warfen, wo dann der Prüfer auf der Suche nach seinem Fahrrädle belastendes Material fand. Die Betriebsprüfer, die sich nach der Anweisung der Oberfinanzdirektion Stuttgart bei Einladungen zum Essen immer in der Mitte der Speisekarte halten müssen, sollten eben auch bei ihren Verkehrsmitteln die Bescheidenheit nicht übertreiben.
Zum Glück für so manchen gibt es bei der Steuerhinterziehung – nicht nur bei uns – sehr seriöse Helfer, nämlich die großen Banken, wo die Moral von der Vorstandsetage mit dem Fahrstuhl senkrecht in den Keller fährt. Dort finden sich Hunderte von Schließfächern und ein Tischlein, auf dem diskret eine Schere liegt. Hier bedienen sich die Kuponschneider an ihren aus »Tafelgeschäften« stammenden Wertpapieren, eine Praxis, die einerseits unglaublich ist, andererseits allgemein toleriert wird.

Im Land der Tüftler gibt es natürlich auch hochkarätige Steuertüftler. Nicht wenige wohlangesehene Millionäre bezahlen deshalb weder Einkommensteuer noch Vermögensteuer, während sich die Strenge des Gesetzes auf den kleinen Lohnsteuerzahler mangels Gestaltungsmöglichkeiten und Schlupflöchern voll auswirkt. Selbst »Steuerchoräle« würden heute an dieser Praxis jedoch nichts ändern, gehen die größten »Steuerböcke« doch gar nicht mehr zur Kirche, und insbesondere mit der Umsatzsteuer hat der Fiskus gelernt, »die Gans zu rupfen, ohne daß sie schreit«. Dennoch ist die Steuerhinterziehung nicht nur ein Privileg der Reichen, sondern – wie einer Demokratie angemessen – ein Phänomen des Alltags und praktisch ein Volkssport. »Brauchet Se a Rechnung?« fragt der Handwerker, »dann kommt no d' Mehrwertsteuer dazu«, und rasch sagte der Kunde »Nein«, denn wer will denn nicht »sparen«, und außerdem »macht das ja jeder«. So zieht sich die Steuerunehrlichkeit durch alle Schichten des Volkes, und niemand »lebt im Staat wie in seiner Geliebten«. Vor diesem Hintergrund wundert es einen nicht, wenn ein Künstler bei Vernissagen gefragt wird, ob das »OR« an seinen Bildern »ohne Rechnung« oder »ohne Rahmen« bedeute, wenn auf Betriebsprüfer gar geschossen wird oder sie bei der Frage nach der Buchhaltung einen Karton Asche überreicht bekommen. Vielleicht sollte man diese unglücklichen Finanzbeamten wirklich ins Gebet einschließen, wie man das im alten Württemberg bei den Steuergottesdiensten mit den Worten tat:

»Vor ihrer Treu und Fleiß laß mich,
auch wenn sie werden wunderlich,
gehorsam sein und dankbar. Amen.«

Der Schwabe als Kunstfan

»Mir brauchet kei Kunscht, mir brauchet Krombiere.« Diese Aussage, die – nicht beweisbar – dem schwäbischen Landtagsabgeordneten Damian Mosthaf im 19. Jahrhundert in Zusammenhang mit dem unterbliebenen Kauf der Sammlung der Brüder Boisserée zugeschrieben wird, kennzeichnet für viele das Verhältnis der Württemberger und insbesondere ihrer Politiker zur Kunst. Zu Unrecht. Eine breite, bundesweit vorbildliche staatliche Kunstförderung, die ohne Entsprechung in der Bevölkerung nicht möglich gewesen wäre, hat das Land zum Beispiel auf dem Gebiet des Theaters oder der Museen geradezu zu einem Musterland gemacht. Bei den Museen entstand so manche Einrichtung aus dem Sammeltrieb passionierter Einzelgänger, und insgesamt kam dem Aufblühen der Museumsszene der Grundsatz »Der Schwabe wirft nichts weg« sehr zugute.

Beim Theater hingegen galt es da und dort noch, pietistisch geprägte Bedenken zu überwinden. Wurde doch auf der berühmten und überaus weitverbreiteten Darstellung des »breiten und des schmalen Weges« in der Stuttgarter Fassung von Charlotte Reihlen, die der Hahnschen Gemeinde angehörte, 1866 das Theater am »breiten Weg« angesiedelt, der geradewegs in die Verdammnis führt.

Daß das Theater im Lande – vom Vereinstheater an Weihnachten abgesehen – nicht breit frequentiert wird, liegt heute freilich nicht an restlichen pietistischen Skrupeln, sondern daran, daß es an den gesellschaftlichen Problemen unserer Zeit oft vorbeigeht und häufig nur noch langweilt. Aber auch so hoch angesehene Einrichtungen wie das Stuttgarter Ballett, Stolz des Landes von der Garderobenfrau bis zum Ministerpräsidenten, wurde bei seinem Aufbau im Landtag und bei der Bevölkerung zunächst sehr kritisch beäugt, und bezeichnend ist die Bemerkung eines altwürttembergischen Abgeordneten anläßlich einer Etatberatung über das Ballett: »Wir lieben keine tanzenden Männer.« Bei den »tanzenden Frauen« hätte man wahrscheinlich auch in dieser Ecke des Landtags noch ein Auge zugedrückt.
Keine Berührungsängste entwickelte dagegen der Württemberger in der seit jeher vom »Wort« geprägten Kultur seines Landes gegen die Literatur, deren »Gehalt« heute freilich nicht mehr so ergiebig ist wie im 19. oder im ausgehenden 18. Jahrhundert, als Schiller und Hölderlin die Marksteine setzten. Auch wenn deren Niveau nicht mehr erreicht wird, ist Stuttgart noch immer ein Ort, an dem Literatur gedeiht, und eine Stadt der Verlage und des Buches geblieben. Es berührt auch angenehm, daß sich in Teilen des Stuttgarter Bürgertums selbst die Sitte der Lesegesellschaften da und dort noch gehalten hat. Charakteristisch ist auch, daß ein leibhaftiger Stuttgarter Bürgermeister erst vor kurzem mit einem Aufsatz über Hölderlin und Büchner literarisch Ruhm erwarb, und der Ministerpräsident jüngst vor der Schwäbischen Gesellschaft als Mörike-Kenner brillierte.

Bezüglich der Musik hat der Württemberger keine inneren Sperren, und seit der Reformation muß die Wonne der Musik auch die aus den Kirchen verbannte »Augenlust« ersetzen. Daher entstand in Württemberg ein überaus reiches Musik- und Chorleben, das zum Beispiel Stuttgart noch heute zu einer der im Musikleben führenden Städte Deutschlands macht. Es ist deshalb auch kein Zufall, daß sich von den 17 Musikhochschulen in der alten Bundesrepublik nicht weniger als fünf in Baden-Württemberg befinden.

Einen gravierenden Mangel teilt die Musik mit der Literatur, nämlich die fehlende Eignung zur Kapitalanlage, die nicht wenigen Landesbewohnern noch immer die meisten Sorgen bereitet. Hier springt nun willig die bildende Kunst in die Bresche, die aber auch ohne diesen wahrhaft Werte bildenden Effekt den größten Zulauf hat. Von der ländlichen Volksbank bis zur Staatsgalerie in Stuttgart wetteifert alles um die Gunst des Publikums und der Künstler. Im übrigen soll es zumindest bei den Vernissagen der Staatsgalerie vorkommen, daß die Gäste selbst ästhetisch noch ansprechender und interessanter wirken als die ausgestellte Kunst. Insgesamt verwundert den Kenner immer wieder die erstaunliche innere Symmetrie zwischen dem Museumspublikum und den ausgestellten Sehenswürdigkeiten des jeweiligen Museums. So fällt das Publikum des Württembergischen Landesmuseums genauso gediegen konventionell aus wie dieses Haus, während böse Zungen behaupten, das Stammpublikum des Naturkundemuseums in Stuttgart habe selbst etwas Insektenartiges an sich.

Auch in Württemberg, und hier vor allem in Stuttgart,

zeigt sich die Richtigkeit der Erkenntnis, nach der Kunst zusammengebraut wird aus den Eitelkeiten ihrer Förderer. Der letzte Ministerpräsident des Landes war ein prominentes Beispiel für diese These, und trotz seiner Popularisierungsversuche und rund 5000 bildender Künstler in Baden-Württemberg haben sich viele Württemberger ein gewisses Mißtrauen gegen manche Erscheinungsformen der bildenden Kunst bewahrt. So muß die »Liegende« von Henry Moore noch immer fast im Verborgenen aufbewahrt werden, und von sogenannten Stuttgarter Bildungsbürgern konnte man angesichts der Skulpturen des amerikanischen Bildhauers Di Suvero aus tiefstem Herzensgrunde den Seufzer hören: »Do ghert neigschlage.«

Toleranz gegenüber der modernen Kunst ist also nicht gerade eine Stärke des Schwaben, womit er aber nicht alleine steht. Es paßt denn auch ins Gesamtbild, wenn von dem Stuttgarter Maler Hans Molfenter berichtet wird, er sei, als er malend auf dem Schloßplatz saß, von Passanten gefragt worden, ob er nichts zum Schaffen habe. Maler im Stuttgarter Stadtgebiet gehören demnach, anders als etwa in München, zu den Seltenheiten.

Dennoch, als Kapitalanlage wird die bildende Kunst hierzulande seit jeher hoch geschätzt, wobei freilich die Gefahr besteht, an geniale Fälscher zu geraten, die es im Kunstland Württemberg natürlich auch gibt. Am liebsten sind vielen Kunstfreunden Bilder, bei denen man einen ausgesprochenen Reibach machen kann, was freilich dazu führt, daß man ihnen durch fingierte »Notverkäufe« auch schwächere »Ware« andrehen kann. Obwohl es heute etliche sehr aufgeschlossene große Sammler gibt,

überwiegt hierzulande noch der Typ des hortenden Sammlers, der seine Schätze vor der Öffentlichkeit (und der Vermögenssteuer) verbirgt. Für eine gelegentliche Publizität sorgt manchmal aber gerade das Finanzamt. So wundern sich häufig Arzthelferinnen, daß auf einmal die Praxis voller Gemälde hängt; sie wissen nämlich noch nicht, daß die Betriebsprüfung bevorsteht und dieser die berufliche Verwendung der aus Betriebsmitteln angeschafften »Wandaktien« vor Augen geführt werden muß.
Als Exzeß der materiell geprägten Kunstbetrachtung in Württemberg muß die Bemerkung eines Metzgers aus dem Schwäbischen Wald gewertet werden, der seine potentiellen Erben mit den Worten aufklärte: »Auf des Bild müsset ihr aufpasse, des isch drei Rinder wert.«
Aber vielleicht sind solche Kriterien in unserem Lande gar nicht so unangebracht, sagte doch einmal eine biedere Schwäbin zum Verfasser: »Wisset Se, für mi ischt ebbes Kunscht, wenn man's net verschtoht.« Genau dies ist das Problem, und zwar nicht nur in Württemberg.

Der Schwabe als Autobesitzer

Wenn Tüftelei und Wanderlust dominierende Eigenschaften eines Stammes sind, ergibt es sich fast zwangsläufig, daß er die Fortbewegung revolutioniert. Da ist es bezeichnend, daß der Freiherr von Drais mit badischer Bescheidenheit das Fahrrad erfindet, während der württembergische »Brettlesbohrer« Gottlieb Daimler das Automobil ersinnt, wobei der Anteil des Mannheimers Carl Benz natürlich nicht verschwiegen werden soll. So passen denn die Fabrikate von Daimler-Benz als Inbegriff von Solidität, Qualität und technischer Perfektion auch heute noch gut nach Württemberg, wenn man von der S-Klasse einmal absieht, deren Modelle wohl einmal als Dinosaurier des Automobilbaus in die Geschichte eingehen werden. Um so eine Karosse zu erwerben, muß man schon ein ganz treuer und gutbetuchter Mercedesfan sein, wie etwa jener Stuttgarter Geschäftsmann, der auf die Frage seines Nachbarn, wo er denn diesen Karren noch ausfahren wolle, realistischerweise erwiderte: »Ausfahren kann man so a Auto bei uns nirgends meh, aber wenn i scho im Schtau schteh, möcht i wenigstens bequem sitze.« Dieses »bequeme Sitzgefühl« war ihm denn auch weit über 100 000 Mark wert.

Schwer unter den Staus zu leiden haben auch die Fahrzeuge mit dem Snobappeal aus Zuffenhausen, deren Erfinder Ferdinand Porsche freilich auch kein Württemberger war. Ein echter Schwabe entscheidet sich denn auch kaum für dieses Auto, es sei denn, er gehört zu der weitverbreiteten Schicht der Neureichen. Wenn der alte Stuttgarter Oberbürgermeister Klett in den fünfziger und frühen sechziger Jahren als Zeichen des Fortschritts zuweilen in einem Porsche vorfuhr, so wäre sein Nachfolger im Amt, der »phäbe« Manfred Rommel, im Porsche wohl nur als Karikatur denkbar, und vermutlich würde er so ein Gefährt nicht einmal als »Leihwagen« akzeptieren. Schon eher könnte man sich ihn in einem Audi oder noch besser in einem alten NSU Prinz aus Neckarsulm, gewissermaßen einem Sportwagen für Schrebergärtner, vorstellen, dessen Anblick Automobilfans noch immer das Herz höher schlagen läßt.

Insgesamt ist Württemberg noch immer eine Hochburg des Automobilbaus und das Auto Segen und Fluch der Region am Mittleren Neckar. Ein Jahrhundert lang war es ein Segen, doch neuerdings scheint die Abhängigkeit vom Auto zum Fluch des Landes zu werden. Das Unvorstellbare geschieht: Die Arbeitsplätze beim Daimler wakkeln, und der Mythos vom Daimlerarbeiter und dem guten Stern von Untertürkheim droht zu verblassen. Schuld daran sind freilich nicht die Schwaben. Noch immer hat fast jede Familie in Stuttgart und im Umland ihr »Autole«, obwohl dies häufig nur noch zur Kaffeefahrt am Sonntag und zur Fahrt in den Urlaub benötigt wird. Das Auto aufzugeben und öffentliche Verkehrsmittel zu benutzen, erschiene dem typischen Landesbewohner, und nicht nur diesem, zwar abstrakt richtig, emotional aber völlig

falsch. Schließlich bedeutet das Auto für so manchen nicht nur »Freiheit«, sondern auch scheinbare »Geborgenheit« auf der Straße, Verwirklichung der Individualität und Abschirmung vor dem Gedränge in der S-Bahn. Das Auto ist dem Württemberger eben ein »heiligs Blechle«, fast ein Wert an sich, der gehegt und gepflegt sein will, als wär's ein Stück von ihm. »O heiligs Blechle« wird der schwäbische Autofahrer auch zu den regelmäßigen Staus im Ländle sagen. Manche davon, wie etwa der jahrzehntelange Stau auf der A 8 am Aichelberg, hatten fast schon den Charakter eines modernen Volksbrauchs. Man konnte ihn einplanen wie den Markgröninger Schäferlauf, nur eben jeden Tag und dergestalt, daß nichts mehr lief. Wie den Stau am Aichelberg könnte man freilich auch die übrigen Staus in der Region durch großzügige Neubauten beseitigen. Doch erweist sich beim Straßenbau im Wege der »Einspruchsdemokratie« das Privateigentum am Grund und Boden als noch stärker als der Grundsatz »Freie Fahrt für freie Bürger«, den ohnehin angesichts der Ökokrise nicht jeder toleriert.
Gegen die hiesigen Staus helfen auch »Stauberater« nicht, ein Beruf, den es noch nicht allzulange gibt. Vielleicht erträgt man die Staus am besten mit der Mentalität eines schwäbischen Satirikers, der meinte, im Stau verwirkliche sich unsere Demokratie aufs reinste: Alle seien absolut gleich und nichts gehe mehr voran. Selbst wer, wie ein bekannter Stuttgarter Bürgermeister (und Junggeselle), vielversprechend mit einem (artfremden) BMW mit der Nummer »S-EX-2000« daherkam, bis sich die Stuttgarter Presse ungalant darüber amüsierte, wurde im Stau gewissermaßen impotent.

Der arrivierte schwäbische Geschäftsmann gewinnt dem Stau aber auch Vorteile ab und gönnt sich endlich einmal ein Telefonat in Ruhe oder gibt gar ein Fax auf. Kommt ein Württemberger zu Vermögen – was, wie der Fall Steinkühler zeigt, hierzulande offenbar fast unvermeidlich ist, wenn man nur fleißig schafft und spart und lange genug zur Miete wohnt –, dann entwickelt sich in seiner Familie nicht selten eine differenzierte Fahrzeughaltung: Der Herr Lehrer fährt nach wie vor mit dem alten Ford des Sohnes in die Schule, die Gattin benutzt für die diversen Kindertransporte den Fiat Tipo, die Fahrt in den Urlaub oder ins Grüne am Sonntag wird mit dem großen Schlitten aus der Erbschaft angetreten.
Auch mancher Unternehmer fährt am Werktag brav einen Audi und zieht erst sonntags seinen schönen Daimler aus der Garage. Karl Napf hat schon an anderer Stelle darüber berichtet, wie der schwäbische Millionär vor dem Finanzamt bescheiden, mit prestigeträchtiger Limousine aber vor seiner Bank vorfährt, andererseits wegen privater Neider die Typenbezeichnung am Heck vielleicht ganz entfernt.
Grundregel ist, solange es mit der PS-Zahl des Familienwagens aufwärtsgeht, geht es auch mit dem Wohlstand der Familie und damit nach landläufiger Einschätzung auch mit ihr selbst aufwärts. Zum Glück kann man bei dieser Optik mit Hilfe des Leasing heute ein wenig schummeln, ist doch die Fassade überall wichtiger als der innere Wert.
Wenn das Auto heute vielleicht noch immer als Indikator für das Vermögen eines Menschen gilt, als Indikator für den Fortschritt kann man es beim besten Willen nicht

mehr ansehen, so wichtig auch die Arbeitsplätze in dieser Branche sind. Zu sehr stehen beim Autoverkehr Ökologie und Ökonomie im Widerspruch, als daß sie sich auf Dauer miteinander versöhnen ließen.
Im übrigen sollten wir uns alle im Kampf um den besten Start an der Ampel und im Ärger um verlorene Minuten im Stau an die Weisheit des gemütvollen schwäbischen Dichters Justinus Kerner aus Weinsberg erinnern, den schon beim Aufkommen der damals noch gemütlichen Eisenbahn ein schlimmes Gefühl beschlich, und der bei seiner Leibesfülle in ein modernes Auto, gar einen Porsche, nicht hineingekommen wäre. Seine Mahnung aus dem Gedicht »Im Eisenbahnhofe« gilt für alle Fortbewegungsmittel und den ständigen Kampf des modernen Menschen mit der Zeit:

»Fahr zu, o Mensch! Treib's auf die Spitze,
vom Dampfschiff bis zum Schiff der Luft!
Flieg mit dem Aar, flieg mit dem Blitze!
Kommst weiter nicht als bis zur Gruft.«

Der Schwabe als Melancholiker

Bekannt, und auch bei Thaddäus Troll erwähnt, ist jener legendenhafte Schwank, der davon erzählt, wie unser lieber Herrgott noch auf Erden wandelte und dabei einmal am Wegesrand einen weinenden alten Mann antraf. Gefragt, wo es ihm fehle, meint dieser, er sei halt ein Schwabe, worauf der liebe Gott erwidert, dann könne er ihm leider auch nicht helfen. Zu untersuchen wäre freilich, warum dieser Schwabe eigentlich geweint hat. Geht es dem Schwaben nämlich wirklich schlecht, pflegt er seinen Kummer möglichst zu »verbeißen«, während ihm, wenn er sehr glücklich ist, eher die Tränen kommen.

Tatsache ist, daß wissenschaftliche Untersuchungen an der Universitätsnervenklinik Tübingen ergaben, daß der geborene Württemberger eher zur Schwermut, ja sogar zur Depression neigt als all die »Reingeschmeckten«. Als »schwäbische Krankheit« könnte daher mit Fug die Melancholie angesehen werden und nicht etwa der Geiz, wie boshafte Norddeutsche manchmal behaupten. Die Ursache hierfür ist genetisch bedingt, dürfte aber auch eine seelische Komponente haben. So meint nach Aussagen schwäbischer Psychiater so mancher Schwermütige, seine Probleme rührten halt davon her, weil er »den schmalen Weg gehe«. Selbst bei intellektuellen Depressiven wie Troll wird vermutet, ihre Depressionen seien wenigstens zum Teil Wachstumsschmerzen bei der Befreiung aus den Fesseln eines nicht verarbeiteten Pietismus in der Kindheit gewesen.

Wie dem auch sei, das württembergische Kernland bietet so manche Delikatesse für fremde Psychiater. Ärzte aus dem Norden freuen sich an den »herrlichen« Schizophrenen und »blühenden« Psychosen, die viel interessanter seien als bei den »dumpfen« Patienten im nördlichen Flachland. Die ausgeprägte Toleranz gegenüber psychischen Außenseitern, die Württemberg kennzeichnete und heute leider zurückgeht, weil jedermann »funktionieren« muß, dürfte auf das Beladensein der Region mit diesem unseligen Erbgut zurückzuführen sein.

So gab es im Lande auch immer wieder Melancholiker, die trotz ihres Leidens berühmt wurden. Thaddäus Troll wurde schon genannt; ihm voraus ging im 19. Jahrhundert Justinus Kerner, der seine Schwermut nicht nur in Wein ertränkte und sich in allen praktischen Fragen von seinem getreuen Rickele lenken ließ, sondern seine Anfälligkeit ins Positive wendete und zur »heiteren Melancholie« weiterentwickelte. Eine solche »Umpolung« der Melancholie durch Humor zur Heiterkeit könnte vielleicht für manchen Depressiven im Lande und außerhalb eine Möglichkeit sein, sich trotz der Niedergeschlagenheit am Leben zu halten. Das Gegenstück zur schwäbischen Melancholie ist daher der schwäbische Humor, der zwar menschenfreundlich, aber zugleich sehr treffend ist. Wie jeder echte Humor versucht er, die Klüfte der Seele mit einem Witz zu überbrücken. Er kommt nicht aus einem Vitalitätsüberschuß wie etwa die bayerische

»Gaudi« und unterscheidet sich auch deutlich vom Klamauk der rheinischen »Jecken«; ein Fastnachtsumzug in Stuttgart ist darum in der Regel eine ziemlich trübselige Veranstaltung, die dazuhin noch vom Abkupfern beim rheinischen Karneval lebt. Daher pflegt man auch zu sagen: »Eine Beerdigung in Oberschwaben ist fröhlicher als die Fastnacht in Stuttgart.«
Der schwäbische Humor unterscheidet sich auch sonst wohltuend vom üblichen deutschen Humor; dieser beruht im wesentlichen auf Schadenfreude, wovon ganze Fernsehserien leben und leider sehr stark auch Wilhelm Busch gelebt hat, weshalb er im Ausland nie richtig beliebt wurde. Dem schwäbischen Humor kommt im hohen Maße die Liebenswürdigkeit der schwäbischen Mundart entgegen, die grob, aber auch sehr schonend und zärtlich sein kann. Er sollte daher auch nicht mit den Tübinger Gogenwitzen gleichgesetzt werden, deren Treffsicherheit zwar für ihn typisch ist, die aber, wenn man die Lebenswirklichkeit in der Tübinger Unterstadt richtig bewertet, oft nur eine Art Galgenhumor waren. So können sensible Menschen über manche Gogenwitze nicht lachen, da die Existenznot der »Raupen« oft sehr deutlich wird und manchmal die nackte Not durchscheint. Auch der »Lellepepl«-Humor mancher Vereinstheater, bei dem man sich »gleich in d' Hos seicht«, ist kein tpyischer Vertreter des schwäbischen Humors, der viel feiner sein kann, zum Beispiel in Wendungen wie: »Wenn no älle so wäret, wie i sei' sott.«
Der schwäbische Humor ist also die Vorderseite der Medaille, auf deren Kehrseite sich die Melancholie befindet. Wer viel Humor hat, hat dementsprechend meist schon

viel »hinter sich«. So ist es leicht erklärlich, daß Kinder selten Humor haben und Clowns oft »privat« recht traurige Menschen sind. Auch Hölderlin wußte um diese Problematik, als er meinte: »Immer spielt ihr und scherzt? Ihr müßt! O Freunde! Mir geht dies in die Seele, denn dies müssen Verzweifelte nur.«

Dazu paßt, daß eine schwäbische Volkskomikerin glaubte feststellen zu können, daß die Jahrgänge ab 1950, die verhältnismäßig problemfrei heranwuchsen, alle keinen rechten Humor mehr hätten, was sich in dieser Allgemeinheit zum Glück aber nicht bestätigt. Richtig aber ist, daß der Melancholiker sich durch seinen Humor – sofern er ihn hat – ein Weltbild zu schaffen versucht, das die dunklen Seiten des Lebens überwindet. So ist das Lachen vor allem seelisch gesund und nicht, weil dabei rund siebzig Gesichtsmuskeln bewegt werden.

Wie der Humor ist auch die Kreativität aller Art eine Chance gegen Unbill der Seele, was auch zum Teil die Kreativität im Lande erklären mag. Wenn Rudi Carell meint, es gebe weltweit nur zehn Gags und etliche Abwandlungen, über die man lachen könne, so zeigt dies nur die geringe Bandbreite der Fernsehunterhaltung, keineswegs aber das Potential des schwäbischen Humors, zu dem schon der Nuancenreichtum eines Walter Schultheiss notwendig ist. Humor als Therapie reicht freilich nicht immer zur Bekämpfung der schwäbischen Schwermut aus. Wilhelm Busch erkannte dies insoweit richtig, als er formulierte: »Wer Sorgen hat, hat auch Likör«, was im Schwäbischen freilich Trollinger heißen sollte, ist Likör doch kein spezifisch schwäbisches Getränk. Insofern liegt auch jener Zyniker falsch, der kurz feststellte: »Gegen Schwermut hilft Wermut.« Daß aber der Melancholie durch materielle Genüsse etwas abgeholfen werden kann, weiß schon jener schwäbische Kindervers, in dem es heißt:

»Heul a bißle,
lach a bißle,
morge kommt der Dehte,
hat a lange Wurscht em Sack
ond a zuckrigs Bretle.«

Der Schwabe als Sänger

»Suevia non cantat«: Schwaben singen nicht, lautet ein alter und dennoch in Geschichte und Gegenwart nicht zutreffender Satz. Vielmehr wurde im Lande Friedrich Silchers stets und viel gesungen, und der Schwäbische Sängerbund ist noch heute eine der bedeutendsten Organisationen in der Vereinsszene. Dennoch wissen heute die meisten nicht mehr, daß das Singen – ebenso wie das Turnen – zur Zeit des Biedermeier eine wichtige politische Bedeutung hatte.
Im Stil der damaligen Zeit ging man von hohen Ansprüchen aus: Mit der Pflege des Volksgesangs wollte man der Volksbildung dienen. Kein geringerer als Johann Heinrich Pestalozzi und der ebenfalls aus der Schweiz stammende Hans Georg Nägeli waren wichtige geistige Väter dieser Idee. Ein gesellschaftspolitischer Anspruch wurde also deutlich, und man sprach vom Gesang gar als von einer neuen »Menschenbildungslehre«, freilich mit nationalem Charakter.
So heißt es bei einem der »Gesangsideologen«: »Männliche Kraft, Wärme für das deutsche Vaterland liegen im Männergesang ... Insbesondere finden jenes flache und haltlose Weltbürgerthum, jenes Kokettieren mit allen Völkern, jene Sucht der Ausländerei, die sich in unserem

Deutschland so gerne breit machen, bei den Sängern keine Stätte ... Deutsches Wesen findet bei den Vereinen seine Heimat.« Der Gesang sollte ein Band bilden zwischen allen Deutschen im In- und Ausland. Demgemäß hieß es: »So weit die deutsche Zunge klingt und Gott im Himmel Lieder singt, ...«

Friedrich Nietzsche, den man sich in einem deutschen Gesangverein allerdings kaum vorstellen kann, mißverstand dies, nahm Anstoß und meinte, der tumbe Deutsche stelle sich selbst Gott im Himmel Lieder singend vor, was nun wirklich zu weit gehe.

Auch ohne Nietzsche befand sich die Sängerbewegung im 19. Jahrhundert in bester Gesellschaft. Namhafte Komponisten aus dem ganzen Reichsgebiet und Österreich fühlten sich den württembergischen Sängern verbunden; in Schwaben selbst waren es vor allem Mitglieder der Schwäbischen Dichterschule wie Ludwig Uhland, Eduard Mörike, Justinus Kerner und viele andere.

Lang, lang ist's her, wird so mancher denken und dabei vor Augen haben, wie unsere Fußballnationalelf beim Abspielen der Nationalhymne vor Länderspielen kaum den Mund aufbringt.

Lang, lang ist's her, wird auch denken, wer den heutigen Zustand der Männergesangvereine im Lande kennt. Überall fehlt es am Nachwuchs und nicht nur bei den Tenören, so daß der reine Männerchor fast die Ausnahme und der gemischte Chor beinahe zur Regel geworden ist. Sebastian Blaus Kabinettstück vom »Gsangverei« – von Willi Seiler meisterlich vorgetragen – spiegelt aber auch noch heute das Bild des klassischen Männerchores, denn noch immer »kommet viele net nuff« und als Dirigent

fungiert oft wieder der »Herr Lehrer«. Mancher Männerchor, wie etwa einer in der Horber Gegend, hat freilich schon resigniert. Auf die Singstund' aber will man nicht verzichten und trifft sich darum im Vereinslokal. Dort werden die Vorhänge zugezogen, und anstatt gesungen wird gemütlich ein Bier getrunken, was ja auch nicht das Schlechteste ist.
Trotz lautstarker Beschallung mit »Songs« durch die elektronischen Medien könnte man also fast von einer Krise des Gesangs sprechen. Sogar die Betrunkenen, auf deren Gesang man freilich gerne verzichtet, singen nicht mehr in den Wirtshäusern. Aber auch respektable und traditionelle Sängergruppen in der Bevölkerung singen nicht mehr. So gilt vielen Studenten seit 1968 das Singen von Studentenliedern als »faschistoid«, und auch die Bundeswehr hat das Singen weitgehend eingestellt. Der Marsch durch den »Westerwald« paßt eben nicht mehr so recht zur elektronischen Kriegführung. Die »coolen Typen« singen nicht mehr und setzen dafür ihre Ohren dem lauten Krach der Stereoanlagen aus. Wen wundert's da, wenn der Philosoph Peter Sloterdijk erklärt, »coolness« sei »die Versiegelung psychischer Hohlräume«.
So halten im Lande nur der Schwäbische Sängerbund und seine Vereine die Fahne der Tradition und des Liedes hoch, und ihr Liedgut stellt die letzte Fluchtburg einer idealen Welt dar. Mit Überzeugung stimmen die ländlichen Gesangvereine das beliebte Lied an, »Ei Mädchen vom Lande, wie bist du so schön . . .«, und das ungeachtet der oft ganz anderen häuslichen Realität.
Der Sänger ist eben ein guter Mensch; und nicht umsonst heißt es bei Joseph von Eichendorff: »Wo man singt, da

laß dich ruhig nieder, böse Menschen haben keine Lieder.« Er versucht, Körper und Seele in Einklang zu bringen. Dies Bestreben wird in keinem Kunstwerk so deutlich wie in der Skulptur des Sängers von Ernst Barlach. Dem indischen Philosophen Rabindranath Tagore wird gar der Satz zugeschrieben: »Gott achtet mich, wenn ich arbeite, aber er liebt mich, wenn ich singe.«

Vielleicht müßte man, mit Verlaub, die Weisheit Tagores für württembergische Verhältnisse etwas abändern und formulieren: »Gott liebt mich, wenn ich bei der Arbeit singe« oder vielleicht noch besser »wenn ich nach der Arbeit singe«. Auf vielen Festen im ländlichen Raum, ja selbst auf »bodenständigen« Parties wird in Württemberg heute noch viel gesungen, wobei der Alkohol oft ein wenig die Zunge lösen muß. Was aber auch der Alkohol nicht schafft, ist, daß der echte Schwabe mehr als nur den ersten »Vers« eines Liedes kann. Diese verbreitete Erkenntnis ist eine typisch württembergische Untertreibung, denn in Wirklichkeit ist natürlich die erste »Strophe« gemeint. Das Merkwürdige aber ist, daß doch immer mindestens ein Sänger darunter sein muß, der auch die nächsten Strophen weiß, weshalb solch ein Gesang recht lang und laut werden kann. Wenn aber das Singen zum Grölen wird, empfindet das der echte Sänger als Verrat an der Kunst und zieht sich zurück.

Solch ein Land der Sangesfreude war fast zwangsläufig auch der richtige Nährboden für einen Gotthilf Fischer, der das Singen zu einer Volksbewegung und das deutsche Volkslied, von den Franzosen respektvoll »le lied« genannt, weltweit populär machte.

Bei vielen wird die »rote« oder richtiger »braune« Lampe

aufleuchten, wenn er im Grundbuch des Schwäbischen Sängerbundes aus dem Jahre 1925 in einem Aufsatz über das deutsche Volkslied liest: »Das deutsche Volkslied ist so alt wie das deutsche Herz, so alt wie der deutsche Wald.« Es ist eben alles auf der Welt in mancher Beziehung »zeitgemäß«, und mit dem deutschen Wald kränkelt heute auch das Volkslied, nachdem das deutsche Herz schon lange erkaltet ist. Für alle ernsthaften Sänger aber gilt, daß ihnen die Stunden des Singens – ob im Verein, in der Kirche oder im privaten Rahmen – das sind, was noch die Weimarer Reichsverfassung vom Sonntag sagte, nämlich eine Zeit der »seelischen Erhebung«. Kann es etwas Schöneres geben?

Der Schwabe als Demokrat

Sprach man von Württemberg als dem »Musterländle«, dachten viele an die zumindest bis vor kurzem florierende Wirtschaft, an das ausgebaute Bildungswesen oder die relativ stabilen sozialen Verhältnisse. Wenigen aber ist bewußt, daß Württemberg auch zu den Wiegen der Demokratie in Europa gehört. Der berühmt-berüchtigte Herzog Ulrich hatte nämlich sein Land im 16. Jahrhundert so verschuldet, daß es am Rande des Staatsbankrotts war. Eine heute fast vertraute Situation, damals aber ungeheuerlich und nur zu meistern, indem der Landtag und die darin vertretenen Stände 1514 im »Tübinger Vertrag« Ulrichs Schulden übernahmen und dafür gewisse Mitspracherechte bei der Gesetzgebung wie bei der Steuerbewilligung erhielten. Dieser »Tübinger Vertrag« blieb formell fast dreihundert Jahre in Kraft und bildete die Wurzel der Demokratie in Württemberg. Er veranlaßte noch im 19. Jahrhundert den Politiker und Dichter Ludwig Uhland, nach diesem »guten alten Recht« zu rufen.
In die Herrschaft Ulrichs fiel auch der Bauernkrieg, der als erstes Aufflackern des Volkswillens in Deutschland gewertet werden kann. Der Schwarzwald und das Remstal waren unter anderen Schwerpunkte des Geschehens. Beide Regionen wählten bemerkenswerterweise bis in die

sechziger Jahre unseres Jahrhunderts hinein ausgeprägt liberal, was in diesen gesitteten Jahren schon fast als aufmüpfig galt.
Es ist wohl auch kein Zufall, daß der letzte große Unangepaßte im Ländle, der Pomologe Gerhard Palmer, aus dem Remstal stammt und mit etwas Wohlwollen vielleicht als der letzte Vertreter der Bauernbewegung des »Armen Konrad« angesehen werden kann, die im frühen 16. Jahrhundert aus dem Remstal hervorging.
Auch in späteren Jahrhunderten zeigt die württembergische Geschichte demokratischere Züge als die anderer deutscher Länder. Im Jahre 1819 bekam dann das Königreich Württemberg, nachdem das Großherzogtum Baden schon 1818 vorangegangen war, als zweiter deutscher Staat eine Verfassung, die es zur konstitutionellen Monarchie machte. Vorbild war wiederum jener berühmte »Tübinger Vertrag«, den der »Altrechtler« Ludwig Uhland als »Urfels unseres alten Rechts« bezeichnete.
Die Revolution 1848 sah zwar manchen streitbaren Publizisten in Württemberg auf dem Plan, auf den Barrikaden und im Felde kämpften freilich die Badener und auch viele »Reigschmeckte«. Freiheitshelden wie Friedrich Recker werden dabei noch heute mit solch einer Gloriole umgeben, daß sich die CDU im Landtagswahlkampf 1976 auf ihn als demokratischen Ahnherrn berief. Insgesamt waren die frühen demokratischen Elemente in Württemberg so bemerkenswert, daß ein englischer Staatsmann im 18. Jahrhundert geäußert haben soll, in Europa gebe es nur zwei Verfassungsstaaten, England und Württemberg. Dieses vielgebrauchte Zitat wird Charles James Fox, aber auch dem jüngeren William Pitt und anderen zugeordnet,

ist aber, wie so viele schöne Zitate, historisch nicht belegbar und wahrscheinlich württembergisch-patriotischer Eigenbau.
Den württembergischen Demokraten fehlt im übrigen – auch dies kennzeichnend für viele Schwaben – keineswegs der Hang zur Monarchie und die Liebe zum Landesherrn. Selbst bei der Revolution 1918 hätten viele gerne den beliebten letzten König Wilhelm II. als Oberhaupt des neuen demokratischen Staates gesehen.
Wie ernst dem Württemberger die Bewahrung der Freiheit ist, zeigt im übrigen, daß am Widerstand gegen Hitler auffallend viele Landeskinder beteiligt waren.
Eine Ursache des früh ausgeprägten demokratischen Denkens im Lande war sicher seine Kleinräumigkeit, die Überschaubarkeit der Amtskörperschaften und Gemeinden. Schon zur Zeit der Grafenherrschaft hatten die Gemeinden in Württemberg das Recht der Selbstverwaltung. Die Ämter bestanden in ihrer Ausdehnung fast ein halbes Jahrtausend und entwickelten eine Vertrautheit und ein Zusammengehörigkeitsgefühl, das zum Teil noch heute wirkt und zum Beispiel in Rottenburg bei der Verwaltungsreform 1973 dazu führte, daß unter dem Mantel der Großen Kreisstadt Rottenburg das alte Oberamt Rottenburg wieder erstand. In diesen Oberämtern hatte sich das heute meist vergeblich beschworene »Wir-Gefühl« gebildet. Die Bürger konnten, wenn auch begrenzt, am Geschehen mitwirken. Sie kannten sich untereinander und auch die Obrigkeit, so daß eine gewisse Transparenz und Bürgernähe selbstverständlich war. Dadurch entstand in den kleinen, überschaubaren Oberämtern – wie auch in den kleinen Kantonen der Schweiz –

ein idealer Nährboden für die Demokratie. Den »Untertanen«, wie man ihn aus Preußen kennt und den viele als für das Deutschland vor 1945 typisch ansehen, gab es daher in Württemberg kaum. Auch wenn der Schwabe im Umgang eher ein »ruhiger Bürger« ist, macht er doch im politischen Bereich schon einmal »d' Gosch auf«. Nur noch für die ganz alten Württemberger dürfte zutreffen, daß sie, wie Thaddäus Troll feststellte, sich nach dem Grundsatz »'s Alte duads no« allgemein gegen Neuerungen, auch in der Politik, sperren. Einen geradezu neuerungssüchtigen Ministerpräsidenten hat Troll allerdings nicht mehr erlebt. Die Provinzialität mancher Politiker im Lande wird heute gerade dadurch gekennzeichnet, daß sie allergrößten Wert darauf legen, »weltoffen und modern« zu sein.
Die lange demokratische Tradition im Lande hat im übrigen zu einer gewissen Verinnerlichung geführt und wurde Bestandteil der Lebensart der Landesbewohner; in einem vielgebrauchten Witzle kommt dies zum Ausdruck: Nach langem Hin und Her gibt der Schultes auf dem Rathaus zwei streitenden Parteien gleichermaßen recht. Vom Amtsdiener ermahnt, so gehe es doch nicht, meint er: »Da hosch natierlich au recht!« Einseitigkeit im politischen Denken ist hierzulande mehr verpönt als in anderen Regionen, und die versöhnliche Formel »so ischt's no au wieder« spricht für den ausgleichenden Geist im württembergischen Wesen. Auch die bewährte Devise »no nex Narrets« zeigt, daß der Württemberger im Leben wie in der Politik gern einen mittleren, konsensfähigen Kurs steuert. Gehalten hat sich in der Stuttgarter Politik auch eine gewisse »Rechtlichkeit« im Denken und

Handeln, die ursprünglich wohl auch vom kirchlichen Denken beeinflußt war. So war man in Stuttgart immer reichstreu, und scherzhaft sagte man, die Gesetze würden in Berlin beschlossen, in München gelesen und in Stuttgart ausgeführt. Bald wird es wieder so sein.

Der Schwabe als Politiker

Es mag vermessen erscheinen, von einem typisch schwäbischen Stil und Format bei Politikern zu sprechen, jedoch wurden und werden bei Spitzenpolitikern der Vergangenheit und Gegenwart manche württembergischen Eigenschaften geradezu wie in einem Brennglas sichtbar und dank unserer Medienwelt allgemein bekannt. So könnte als Symbol des schwäbischen Schaffers zum Beispiel Matthias Erzberger stehen, der sich um die Weimarer Republik große Verdienste erwarb und dennoch von fanatischen Mördern liquidiert wurde, weil er Jude war. Schon vor dem Ersten Weltkrieg gab es hochachtbare evangelische württembergische Pfarrer in der Landespolitik, wie den sozial sehr früh und mutig engagierten Christoph Blumhardt oder den »Neinsager« Hopf aus Vaihingen/Enz, der bei jeder Gesetzesvorlage – nicht nur bei den Kriegsgesetzen – mit »Nein« stimmte und seinen schwäbischen Querkopf damit erfolgreich unter Beweis stellte. Die Geschichte des 19. Jahrhunderts zeigt so manchen tapferen Mann, wie zum Beispiel auch die streitbaren katholischen Pfarrer Joseph Blumenstetter und Joseph Sprißler aus dem Zollerischen, in der Paulskirche.
In der Zeit vor 1848 gab es sogar einen »roten Fürsten« von Waldburg-Zeil, der auf dem Asperg einsitzen mußte. An schwäbischen Dickschädeln scheint es damals nicht

gemangelt zu haben, während heute im Zuge der Zeit die »Ja-Sager« die »Nein-Sager« bei weitem überwiegen.
Es soll und kann hier kein Abriß über die Schwaben in der gesamten politischen Geschichte gegeben werden, sondern es soll nur versucht werden, am Beispiel von Politikern der Bundesrepublik Deutschland württembergische Tugenden und Untugenden festzumachen.
Der Beginn war besonders eindrucksvoll. »Papa Heuss« war in den fünfziger Jahren Symbol kultivierter schwäbischer Lebensart auf hohem Niveau und somit die ideale Besetzung für das Bundespräsidentenamt der jungen Republik, die international wieder Vertrauen erringen mußte. Wie nur wenige war Theodor Heuss hochgebildet und dennoch volkstümlich. »Ein Räuspern von Heuss war inhaltsreicher als eine Rede von Lübke (seinem Nachfolger)«, meinten später seine Fans. Als echter Unterländer wußte er auch den Wein zu schätzen und dürfte nach seiner Stellung im Staate ebenso wie nach dem Inhalt seiner Reden der höchste und beste schwäbische Vierteles-philosoph aller Zeiten gewesen sein.
Zum Symbol einer im Lande auch anzutreffenden gewissen Profitlichkeit wurde dann in der Frühzeit der Bundesrepublik der Bundestagspräsident Eugen Gerstenmaier, auch »Gerschtlesmaier« genannt, der den sparsamen Schwaben in Bonn etwas in Verruf brachte, indem er sich bei Einladungen im privaten Bereich stets für die Herkunft des Porzellans und der Teppiche interessierte. Schließlich stolperte er jedoch nicht über einen Teppich, sondern über ein Immobiliengeschäft, das nicht ganz hasenrein war; und auch bei der Berechnung seiner Altersversorgung soll er sehr kreativ gewesen sein.

Große Stars auf der Bonner Bühne hat es im übrigen leider nicht viele gegeben, wenn man von Kurt Georg Kiesinger absieht, der in diesem Kapitel jedoch unter den Ministerpräsidenten des Landes gewürdigt werden soll. Erwähnt werden aber muß Erhard Eppler als gescheiter und wohl deshalb früh verbitterter evangelischer Streiter in der Bundes- und Landespolitik, der für viele den württembergischen Protestanten par excellence darstellte. Im 19. Jahrhundert wäre es ihm wohl besser ergangen, da damals das Eintreten für Moral und Ethik nicht das »Privileg« von Außenseitern war. Zu nennen wäre im Bonner Theater auch der Verteidigungsminister und spätere Generalsekretär der NATO, Manfred Wörner aus Göppingen, der zu fast staufisch-imperialer Macht aufstieg und mit dem deutschen Bundeskanzler nur noch auf englisch korrespondierte, so weltläufig war er geworden.
Eine herausragende württembergische Erscheinung im Bonn unserer Tage ist Heiner Geißler, freilich eine Art Prinz ohne Land. Intellektuell zwar unbestritten der Vordenker der Union, wollen ihm aber nur noch wenige folgen. Obwohl viel blutvoller, sportlich und noch nicht so resigniert wie Eppler, könnte ihm als dessen katholischem Gegenpol das gleiche Schicksal drohen.
Am deutlichsten zu erkennen sind die Facetten der württembergischen Seele freilich bei unseren Ministerpräsidenten im Ländle, und es spricht für die innere Festigkeit des Landes Baden-Württemberg, daß von bisher sechs Ministerpräsidenten nur einer aus dem Badischen kam, ohne daß dies zu einer Sezession geführt hätte.
Reinhold Maier war der erste und gilt vielen noch heute als klassischer Vertreter des Remstäler Liberalismus. Er

hatte nach Kriegsende eine blütenweiße Weste, was ihn nicht bloß sehr ehrte, sondern ihm auch den Start in der Nachkriegspolitik des noch unvereinigten Landes erleichterte. Schwabe von Geblüt und Gemüt, verkörperte er eine lebensvolle Politik, wie sie heute im Zeichen der politischen Manager aus dem Beamtenstand selten geworden ist.

Sein Nachfolger war Gebhard Müller; in einer Mischung aus Bescheidenheit, Nüchternheit und hoher Intelligenz auch er ein echter Schwabe, wie man ihn heute im Zeitalter der »Public Relations« kaum noch in der Politik findet. Obwohl er es in seinem langen Leben zu höchsten Ämtern gebracht hatte – wie zum Präsidenten des Bundesverfassungsgerichts und eben zum Ministerpräsidenten Baden-Württembergs –, meinte er doch, am schönsten sei es halt als Amtsrichter gewesen.

Ihm folgte Kurt Georg Kiesinger, ein Grandseigneur, der eigentlich nicht recht ins schwäbische Charakterbild paßte und doch ein echter Württemberger »vo der Alb ra« war. Vielleicht waren die Weltläufigkeit und die Eleganz des »Königs Silberzunge«, wie man ihn als Bundeskanzler in Bonn nannte, auch mitbedingt durch den lebenslangen Versuch, seine bescheidene Herkunft von der Ebinger Alb zu kompensieren, wozu es eigentlich gar keinen Grund gegeben hätte. Allein schon die von ihm als Kanzler initiierte erste Öffnung nach Osten und seine berühmte visionäre Äußerung »China, China, China« zeigten, daß er wirklich ein weitblickender Mann war.

Als Kiesinger Bundeskanzler in Bonn wurde, folgte ihm im Lande Hans Filbinger nach, der als Badener hier jedoch nicht zu würdigen ist. Wohl aber sein Nachfolger

Lothar Späth, der es perfekt verstand, sich das Image des schwäbischen Schaffers und Wuhlers zu geben und auf dem Medienklavier hervorragend zu spielen wußte. Irritierend ist, daß die ihm verliehenden Beiwörter wie »Cleverle«, »Tapferle« und so weiter immer das »le« aufwiesen. Doch sein Lebenswerk ist noch nicht abgeschlossen, und zusammengezählt wird, wie beim Skat, erst am Schluß. Vielleicht steht sein Denkmal einmal in Jena und nicht in Stuttgart.

Späths Nachfolger wurde wiederum ein Württemberger vom alten Schlag, Erwin Teufel, ein persönlich bescheidener, hochgebildeter Bauernsohn. Doch da im Medienzeitalter nicht das entscheidend ist, was einer leistet, sondern was und wie oft darüber berichtet wird, hat er nicht die Bekanntheit seines Vorgängers, ist aber tatsächlich ein Schaffer, wie ihn die Landeskinder lieben. Unter Verzicht auf Blaulicht und Eskorte fährt er von seiner Heimat Spaichingen morgens mit dem »Regierungszügle« zur Arbeit nach Stuttgart. Das »Regierungszügle« ist ein ganz normaler Eilzug, in dem freilich neben dem Ministerpräsidenten auch etliche Abgeordnete und Beamte »ins Geschäft« fahren. So schließt Teufel wohl eher an die besonnene schwäbische Tradition eines Gebhard Müller an als an die seines unmittelbaren Vorgängers.

Bei allen parteipolitischen Schwierigkeiten wird die schwäbische Politik natürlich von den ausgedehnten verwandtschaftlichen Beziehungen der Württemberger unterwandert, und bei Familienfesten kommen manchmal Vertreter (fast) aller politischen Parteien friedlich zusammen. Hauptsache, es heißt unter ihnen auch in Zukunft »No nex Narrets!«

Der Schwabe als Rebell

August Lämmle sagte einmal über seine schwäbischen Landsleute, sie würden ihr Licht gern unter den Scheffel stellen, aber so, daß es jeder sehe. Eine solch halbherzige »Öffentlichkeitsarbeit« reicht heute aber nicht mehr aus. So ist außerhalb Württembergs noch immer festzustellen, daß die Schwaben trotz aller wirtschaftlichen und kulturellen Leistungen in Vergangenheit und Gegenwart erheblich unterschätzt werden. Man hält sie für sparsame, fleißige Leute und belächelt sie hochnäsig wegen ihres Dialekts, ohne zu erkennen, daß gerade diese nuancenreiche Mundart in Wirklichkeit zum kostbarsten Volksgut gehört. Auch das Schwabenbild der Schwaben selbst betont oft einseitig die Neigung zum Ausgleich, zum vermittelnden »Sowohl-als-Auch«, und überdeckt dabei, daß gerade die besten Köpfe des Landes leidenschaftlich für das Unbedingte eintraten und gerade nicht Männer des Ausgleichs waren.
Jörg Ratgeb, der Künstler und Intellektuelle, der sich im Bauernkrieg zu Beginn des 16. Jahrhunderts auf die Seite der aufständischen Bauern schlug und dafür mit dem schrecklichen Tode, gevierteilt zu werden, bezahlte, ist ein eindrucksvolles Beispiel für den Mut solcher Württemberger.

Im übrigen gebührt Otto Borst das Verdienst, in seinem Buch »Die heimlichen Rebellen« dieses Schwabenbild korrigiert und an Schwabenköpfen von Johann Valentin Andreae bis Carlo Schmid gezeigt zu haben, wie durch die schwäbische Geistesgeschichte sich auch ein aufrührerischer Grundton zieht, der mit »Veigelesphilosophie« und »holdem Bescheiden« so gar nichts im Sinn hat. Freilich sind die von Borst beschriebenen schwäbischen Rebellen »heimliche«, an den Schreibtisch zurückgezogene, die mit Argumenten überzeugen wollten und nicht mit Waffen. Fast alle diese berühmten »48er« und ihre Vor- und Nachläufer absolvierten gemäß der altwürttembergischen Bildungstradition Seminar und Stift und waren mehr oder weniger vom pietistischen Frömmigkeitscharakter des Landes geprägt. Seminar und Stift haben im Zuge der breiten Volksbildung im 20. Jahrhundert ihre dominierende Kraft im Bildungssystem des Landes längst verloren, und auch der Einfluß des Pietismus ist zurückgegangen. Dennoch sind die Württemberger noch heute etwas weniger manipulierbar als andere und »goschen« hörbar, wenn die »Obrigkeit« zu weit geht oder sich danebenbenimmt. Die Haltung, die der letzte württembergische König bemerkte, als er sagte, er habe den Eindruck, die ersten Worte, die seine Landeskinder sprechen lernten, seien »noi etta«, ist noch heute spürbar. Auch manche Lehrerin ist noch heute ziemlich ratlos, wenn ihr ein zur Tafel gerufenes Dorfmädchen erklärt: »Wann i no au wellt.« Auch wenn für diese Verhaltensweisen eine gewisse »Bähmulligkeit« mitursächlich sein mag, wie sie auf dem Land durchaus noch vorkommt, sind die geistig-religiösen Ursachen dieser Haltung auch

für die offenen Rebellen des 20. Jahrhunderts in Württemberg kennzeichnend.
So zum Beispiel auch bei dem schwäbischen Hitler-Attentäter Georg Elser oder – in ganz anderen Verhältnissen – bei Gudrun Enßlin. Diese waren im Gegensatz zu den württembergischen Rebellen vor ihnen keine »Schreibtischrebellen«, sondern engagierten sich für ihre, freilich höchst unterschiedlichen, Ziele mit Leib und Leben. Dem Widerstand gegen Hitler eine besondere schwäbische Komponente zuzumessen, ginge wohl zu weit, auch wenn Claus Schenk Graf von Stauffenberg und andere Württemberger eine führende Rolle spielten. Auffällig aber ist, daß unter den führenden »68ern« und frühen Terroristen viele Schwaben waren.
Zurück zu Georg Elser: Dieser Schwabe aus Hermaringen bei Heidenheim, den die Lexika und ein Teil der Historiker noch heute ignorieren, war Schreiner von Beruf. Ein sogenannter »kleiner Mann«, der aber schon 1938 erkannte, »daß Hitler Krieg bringt«, was ihn bewog, ein Bombenattentat auf den Diktator vorzubereiten. Als völliger Einzelgänger, nur gestützt auf sein Gewissen, setzte er seinen Plan konsequent in die Tat um und baute eine Bombe, die er in monatelanger Tüftelei nachts in einen Saalpfeiler des Bürgerbräukellers in München einbaute. Hitler entkam aber dem Attentat, und Elser wurde 1945 im KZ Dachau ermordet. Elser erscheint in der Zähigkeit, mit der er vorging, als der typische »Brettlesbohrer« und Gesinnungstäter. Sein mit unglaublicher Beharrlichkeit verfolgtes Ziel, Hitler zu beseitigen – ohne Unterstützung durch Freunde und Gesinnungsgenossen und inmitten einer vom Nationalsozialismus beherrschten Um-

welt –, wäre nicht möglich gewesen ohne seine pietistisch gefärbte Frömmigkeit, wenngleich dem Pietisten gewaltsamer Widerstand sonst zutiefst suspekt ist. Elser wäre ohne seine religiöse Verankerung nicht handlungsfähig gewesen. Er erweist sich als der wahre Held unter den schwäbischen Rebellen und Widerstandskämpfern.

Der Widerstand gegen Hitler und der Terrorismus in der Bundesrepublik haben nichts miteinander zu tun und sind in Ergebnis und Motivation nicht zu vergleichen. Jedoch zeigt sich zum Beispiel in der Person Gudrun Enßlins, daß der schwäbische Protestantismus auch für sie und noch so manchen württembergischen »68er« große und prägende Bedeutung hatte. Gudrun Enßlin war in Württemberg aufgewachsen als Tochter eines Pfarrers, mit sieben Geschwistern. Ihr Versuch, aus der jugendlichen Auflehnung eine revolutionäre Aktion zu machen, hat Tradition und ließe sich, wenn auch nicht so ausgeprägt, schon bei Hegel, Schelling, Hölderlin oder dem jungen Schiller zeigen. Er ist Ausdruck einer radikalen Verinnerlichung und beruht letztlich auf der Überschätzung rein seelischer Vorgänge, wie sie im Protestantismus vorkommt.

Hermann Kurz sagt denn auch über seine schwäbische Landsleute: »Es liegt in unserem Charakter, daß wir nicht gleich Dinge und Personen trennen; daher jene Schroffheit in politischen Fragen; denn wer das ganze Gewicht seiner Persönlichkeit daran hängt, für den gibt es keine Ausgleichung, keine Versöhnung.«

Diese unbeugsame politische Haltung, wie sie im evangelischen Württemberg noch häufig anzutreffen ist, kann als Schlüssel zu mancher terroristischen Persönlichkeit

aus dem Lande gesehen werden. Gudrun Enßlin verkannte die gesellschaftliche Realität in der Bundesrepublik völlig und mußte deshalb scheitern.
Proteste von Intellektuellen oder Künstlern gegen den Staat sind heute kaum noch feststellbar oder zeigen erkennbar den Charakter von Public-Relations-Aktionen wie bei Günter Grass. Auch der »Protest« der Künstler gegen die bürgerliche Gesellschaft beschränkt sich in der Regel auf das »outfit« und ist bemerkenswerterweise nicht mehr durch lange, sondern durch betont kurze Haare und vielleicht noch einen originellen Hut der Partnerin gekennzeichnet. Dies könnte andeuten, daß die »Versöhnungsgesellschaft«, von der Lothar Späth einst träumte, schon erreicht ist oder, was näher liegt, daß Künstler und Intellektuelle noch genau so satt sind wie die übrige Gesellschaft. Kein Wunder, daß in solch einer scheinbaren Idylle Lothar Späth die Künstler allen Ernstes zur Aggressivität aufforderte und sich »streitbare Universaltypen« wünschte.
Ein »Aufmüpfiger« ist dem Lande freilich erhalten geblieben, wenngleich auch er Ermüdungserscheinungen zeigt: der »Remstalrebell« Helmut Palmer, der als der letzte große Querkopf in der langen Reihe der Unangepaßten in Württemberg angesehen werden kann. Beamte und Richter tun sich leicht, seine Taten abzuqualifizieren und übersehen dabei, daß das Phänomen Helmut Palmer mit seinen oft spektakulären Wahlergebnissen ein Beweis dafür ist, daß in unserer überverwalteten, von sogenannten Sachzwängen beherrschten Welt beim Bürger ein irrationales Unbehagen bleibt, das sich in Stimmen für den Geradstetter Obsthändler niederschlägt. Palmer, der für die

kleinen Leute im Remstal oft die letzte Hoffnung ist und in der Schorndorfer Zeitung auch außerhalb von Wahlen immer wieder einmal Luft abläßt, erweist sich damit für das Funktionieren der Demokratie im Lande als nützlicher als so mancher Oberlandesgerichts- oder Ministerialrat. In einer immer farbloser werdenden Gesellschaft, deren Endziel die EDV-gerechte Persönlichkeit sein dürfte, ist ein Palmer daher notwendig, aber bei weitem nicht hinreichend.

Im übrigen ist Rebellentum immer Ausdruck einer Zwangslage, und so ist das Fehlen von »Rebellen« in der Gegenwart durchaus auch ein gutes Zeichen für den noch vorhandenen inneren Konsens der Gesellschaft – womit nicht gesagt ist, daß diese Gesellschaft selbst gut sei.

»Karl Napf« und seine Landsleute

»So weit kommt's in diesem Land gerade noch, daß der Karl Napf entscheiden darf, wer in den Himmel kommt und wer nicht«, schrieb ein Schwäbisch Haller Ehepaar an den Süddeutschen Rundfunk nach der Ausstrahlung des Hörspiels »An der Himmelstür«. Diese schwierigen Entscheidungen maßt sich Karl Napf aber wahrlich nicht an. Vielmehr läßt er jeden nach seiner Facon selig werden, wenngleich er davon überzeugt ist, daß nicht allzu viele Wege zur Seligkeit führen. Einer davon ist auf Erden sicher der Humor, dem sich Karl Napf stets verpflichtet fühlt, weshalb er auch ein Feind jeder Ideologie ist.
Dem Humor – wenn auch in anderer Form – war auch der Komiker Karl Napp verpflichtet, der im ganzen früheren Reichsgebiet seine Scherze trieb. Er ist durch eine merkwürdige Lautverschiebung daran schuld, daß »Karl Napf« zumindest im Großraum Stuttgart ein Begriff war, lange bevor Ralf Jandl, alias Karl Napf, zu schreiben begann.
Der Nachruhm des historischen Karl Nap(f) beziehungsweise das, was im Volksmund davon übrig blieb, ist aber, vorsichtig ausgedrückt, etwas kurios und wäre für einen eitlen Schriftsteller katastrophal. So kommen zu Karl Napf nach Lesungen manchmal Zuhörer und meinen: »Ich wollte eigentlich nur sehen, wie Sie tatsächlich aus-

sehen. Wenn nämlich bei uns im Flecken einer recht bled glotzt, na heißt's: ›Du siehst aus wie der Karl Napf‹.« Andere sind geradezu enttäuscht, daß da jemand mit Schlips und Kragen direkt aus dem Ministerium zu ihnen kommt, und erklären: »Sie habe ich mir ganz anders vorgestellt, wenigstens im Trachtenjanker oder so.« Kinder frohlocken dagegen manchmal und sagen triumphierend zu ihrer Mutter: »Siehsch, den Karl Napf gibt's doch!« Ein älterer Herr dagegen berichtete, das Ankündigungsplakat habe ihn sehr motiviert, er hätte gedacht, »da mußt du hin, der muß ja mindestens schon 100 Jahre alt sein«.
Einen interessanten Eindruck muß Karl Napf auch auf eine Zuhörerin in Bebenhausen gemacht haben, die ihn beim Signieren fragte, ob es stimme, daß er eigentlich Jurist sei. Er erwiderte darauf, so schlimm sei das doch auch wieder nicht. »Des net«, meinte die brave Frau, »aber mein Mann ist auch Jurist, und der ist ganz anders.« Noch heute unerklärlich ist dem Autor eine Begegnung mit einem Tübinger Metzger, der zu ihm sagte: »Wisset Se, was komisch ischt? Sie sehen genauso aus wie der Sohn vom e Kriegskamerade von mir. Aber des Seltsame ischt, der hot gar koin Sohn.« Mit Erstaunen hörte der Verfasser auch den Ausruf einer Zuhörerin in Stuttgart-Vaihingen: »Für mich sind Sie der neue Dodel.« Dazu muß man wissen, daß dieses Amtsrichteroriginal in seinem Humor und seiner Einstellung zur Justiz mit Karl Napf tatsächlich eine Seelenverwandtschaft aufweist, dieser als Jurist aber durchaus ernstgenommen werden möchte.
Viel Humor in eigener Sache benötigte Karl Napf bei einer Lesung in Vaihingen/Enz, der Stadt seiner Kindheit und Jugend, die sein Denken intensiv geprägt hat. Ausge-

rechnet hier nahte ihm nach einer Lesung ein alter Mann, streckte ihm eines seiner Bücher zum Signieren entgegen und erklärte in ehrlicher Begeisterung: »Wisset Se, richtige Bücher les i scho lang nimme, aber so etwas gfallt mir.« Anfänglich wenig erbaut war Napf auch von der häufigen Feststellung seiner Leser: »I lies Ihre Bücher immer gern vor em Eischlofe.« Dann wendete er dieses zweifelhafte Kompliment ins Positive und geht seither davon aus, daß er offensichtlich den Seelenfrieden seiner Leserinnen und Leser fördert.

Manchmal stellt sich die Harmonie sogar schon vor der Lesung ein, wie einmal bei einem Termin im Schwäbischen Wald, bei dem ihm die Bibliothekarin schon Wochen zuvor schrieb: »Ihren Vorschlag, die Lesung mit Alkohol zu verbinden, finde ich sehr gut, da ich privat auch dem Alkohol sehr verbunden bin.« Es sollte dann auch eine höchst vergnügliche Lesung werden.

Im Regelfall werden Assoziationen und Erinnerungen aber erst während einer Lesung freigesetzt. So ist vieles, was Zuhörer dem Autor erzählen, auch in dieses Buch eingeflossen. Manche Dinge kann man gar nicht erfinden, und der schwäbische »O-Ton« ist für ein Buch über die Schwaben natürlich unverzichtbar.

Stolz ist Karl Napf, wenn er Lob »live« mitbekommt, wie von jenem unscheinbaren älteren Herrn, der nach einer Lesung in Laichingen an ihm vorbeiging und bemerkte: »Die Gschicht vom Millionär hen Se gut nobrocht, ma fühlt sich richtig troffe.« Sprach's und ging zum Ausgang, natürlich ohne das Buch mit dem Gschichtle vom Millionär gekauft zu haben.

Fast als Weltautor fühlt Karl Napf sich, wenn ein Biblio-

thekar ihm versichert, er habe den »Schwabenspiegel« unter dem Niagarafall gelesen und sich dadurch in der Ferne wie zu Hause gefühlt. Aber auch Kritik aus dieser fernen Region lernte er einzustecken, wenn zum Beispiel eine alte Schwäbin, die es nach Kanada verschlagen hat, sich bei jedem Buch meldet und moniert, es seien wieder englische Ausdrücke wie »Fast food« und »postmoderne« und dergleichen enthalten, das gehöre sich doch für ein schwäbisches Buch nicht! Aber wie soll man der schwäbischen Wirklichkeit heute noch gerecht werden ohne diese Importe aus dem Angelsächsischen?
Merkwürdig fand es Karl Napf im übrigen, daß er bei Lesungen im originär badischen Landesteil stets recht gut ankam. Er führte dies zunächst auf die berühmte badische Liberalität und Toleranz zurück, bis er dahinterkam, daß die hochkultivierten Badener sich über Bräuche wie die Kehrwoche und das Häuslebauen, wenn sie allzusehr verinnerlicht werden, schlicht amüsieren. Dabei fühlen sie sich berechtigt, auch einmal über die Württemberger zu lachen, was sie mit Respekt vor der wirtschaftlichen und politischen Macht Stuttgarts sonst zumindest öffentlich nicht tun.
Eine Frage, die häufig angesprochen wird, sei zum Schluß noch geklärt. Wann hat man es eigentlich mit dem Ministerialrat Jandl und wann mit dem Satiriker Karl Napf zu tun? Die Antwort ist denkbar einfach. So wie Dienst Dienst und Schnaps Schnaps ist, so ist Napf im Ministerium Jandl und Jandl werktags ab 20 Uhr, am Wochenende und vor allem im Urlaub Karl Napf. Verwechslungen wären rein zufällig und sind in der Regel nicht beabsichtigt.

Nachwort

Was den Schwaben in seinem Innersten zusammenhält? Fässer von Tinte wurden verspritzt, Häfen von Hirnschmalz im Lauf der Jahrhunderte verbraten, um dieses wahrhaft monumentale Rätsel zu ergründen. Und so tief sich beherzte und kundige Forscher auch vorgewagt haben in die Klüfte, Spalten und Nebenhöhlen des schwäbischen Gemüts – mehr als ein paar Splitter der Erkenntnis haben sie selten heraufgeschleppt ans Tageslicht. Am Ende aller Mühe mußten sie schweren Herzens und betrübten Sinnes erkennen: So unergründlich wie der Blautopf ist die schwäbische Seele. Aber so kühn sich trotzig entschlossene Taucher immer wieder hinabstürzen ins verlockend schillernde Ungewisse dieses Quelltopfs, so wacker brechen immer wieder neue Exploratoren auf in die noch unerforschten Gefilde der schwäbischen Seelenlandschaft. Und mindestens so geheimnisvoll wie das Ziel ihrer Expeditionen ist die Kraft, die sie dazu treibt.

Gerhard Storz, der es trotz seines intimen Umgangs mit Literatur einstens zum Kultusminister des Landes Baden-Württemberg brachte, hat diesen unverwüstlichen Drang zur schwäbischen Seelen-Nabel-Schau psychologisch zu erhellen versucht: »Soviel Unsicherheit muß ja, wen kann das wundern, ganz von selbst umschlagen in dauernde

Selbsterforschung, habituelle Selbstauslegung ...« Die Unsicherheit, der herzgrundtiefe Mangel an Selbstbewußtsein also sei die wahre Triebkraft der immerwährenden Selbst-Analyse der Schwaben. Es mag, es muß ebbes dran sein. Wie sonst hätte Sebastian Blau seinen bis heute fundamentalen Forschungsbericht aus der Tiefe der schwäbischen Seele mit der feinsinnigen Frage betitelt: »Ob denn die Schwaben nicht auch Leut' wären ...?« Wie sonst hätte sein Geistesbruder Alfred Weitnauer seine Schwabenkunde mit der geradezu ungeheuerlichen Behauptung in die Welt schicken können: »Auch Schwaben sind Menschen.«

Allerdings, wer sich in diesen bildverstopften und buchstabenarmen Zeiten einen gewissen Sinn für die feineren Töne der Ironie bewahrt hat, der entdeckt gerade auf dem Grund dieses Zweifels am eigenen Wesen ein unverwüstliches Bodeng'fährtle Selbstbewußtsein. Sebastian Blaus Frage klingt verdächtig nach hintersinniger Rhetorik, Alfred Weitnauers Beteuerung war wohl in erster Linie an jene insektologisch Halbgebildeten gerichtet, denen der Unterschied zwischen der Familie der orientalischen Kakerlaken – da und dort auch Schwaben genannt – und den menschlichen Zweifüßlern vom Volksstamm der Schwaben nicht so ganz geläufig war.

Ganz so echt, wie diese schwäbische Unsicherheit immer wieder aufblitzt aus den Sektionskammern der Selbsterkenntnis, war sie eigentlich nie. Tief drinnen im Schwabenherz und weit hinter den Seelenschwarten einer gewissen Unbeholfenheit haben die schwäbischen Selbst-Analytiker allemal noch Tröstliches, ja gar Befreiendes entdeckt. So geschickt der Schwabe sein gediegenes

Selbstvertrauen auch verbirgt hinter allerlei Seelenverknotungen, so überzeugt ist er doch, daß es auf Gottes Erdboden wenig Wesen gebe, die ihm an Rechtschaffenheit und auch an Lebenstüchtigkeit gleichkommen. August Lämmle, der ganz und gar nicht Verschrockene, hat dieses für Außenstehende vielleicht nicht ganz so leicht durchschaubare Phänomen in seinem »Schwobaspiagel« auf den Reim gebracht: »A bißle tappich, a bißle domm, o'bholfa, aber bloß außa rom! Wenn's gilt, ist 'r hell en dr Kapell!« Ja, wenn's darauf ankommt, dann platzt der Schwabe beherzt heraus aus seiner Aura der Unscheinbarkeit. Und vielleicht gelingt ihm gerade deshalb in wirtschaftlichen oder auch anderen Dingen so mancher Coup, den ihm die konkurrierenden Großmeister der Selbstdarstellung und der unbeschwerten Zungenfertigkeit hinten und vorne nicht zugetraut hätten.

Wo immer auch der Urgrund für diese urschwäbische Lust an der Selbstbespiegelung zu finden sein mag, welche Ergebnisse diese Entdeckungsreisen ins Innere der schwäbischen Seele auch immer zutage fördern mögen, eins ist tröstlich: Nie und nimmer sind diese Charaktersplitter aus jenem Stoff, aus dem sich volksmissionarische Speerspitzen schlagen ließen. Niemals hat der Schwabe sein ausgeprägtes Talent zur Selbsterforschung zum schnöden Zweck der Selbstüberhebung mißbraucht. Daß am schwäbischen Wesen eine Welt oder auch nur ein angrenzender Stamm Andersgearteter genesen solle, zu solcher Hybris ist ein Schwabe nie und nimmer fähig. So hat die Welt die verheerende Kraft des »Furor teutonicus« immer wieder leidvoll gewärtigen müssen, von einem »Furor suevicus« dagegen blieb die Weltgeschichte bis-

her und nicht von ungefähr verschont. Wer grübelt, der sündigt nicht. Zumindest versündigt sich der Grübler nicht am schönen Gebot der Toleranz. Und wer sich gründlich mit sich selbst beschäftigt hat, der hat schlechthin nicht die Muße für das kropfunnötige Geschäft, den anderen in die Facon seiner eigenen Seligkeit zu zwingen. Die gewichtige Tradition schwäbischer Selbsterkundung nach Kräften zu mehren, hat sich vor nun gut zehn Jahren auch Karl Napf ein Herz gefaßt. Als einer, der seinen Mitmenschen nicht nur aufs Maul, sondern auch in die Hinterstübchen des Herzens schaut, schreibt er seither mit lustvollem Fleiß auf, was ihm an Gereimtheiten und an Ungereimtheiten so auffällt im Ländle. Daß seine Vorliebe dabei eindeutig den Ungereimtheiten gehört, den Widerhaken, den Schleifen und Schlingen im schwäbischen Seelengeflecht, das liegt nun weniger an seinem eher dürftig entwickelten Hang zur Schadenfreude, das liegt allein an seinem ausgeprägten satirischen Talent. Und wie jeder leidenschaftliche Satiriker ist auch dieser Karl Napf ein Moralist. Mit unbestechlichem Scharfblick mustert er seine Mitmenschen, mit feingeschliffener Feder stellt er sie uns vor mit ihren kleinen und mit ihren großen Schwächen. Seiner ganz speziellen Zuwendung aber dürfen sich die Großkopfeten erfreuen. Sie stupft Karl Napf mit besonderem Vergnügen ins dicke Fell der Selbstgefälligkeit. Ein wahrhaft nützliches Geschäft.
Nicht gerade ein Zufall, zweifellos aber ein Glücksfall ist es, daß sich Karl Napf bestens auskennt in der Welt dieser Großkopfeten. Als ein in höheren Verwaltungskünsten durch und durch erfahrener Jurist nämlich steht Karl Napfs bürgerlicher Milchbruder Ralf Jandl seit Jahrzehn-

ten im Dienst der baden-württembergischen Landesregierung. Nicht nur gründliche Einblicke in die unterschiedlichsten Techniken der Menschheitsbeglückung sind für ihn da ganz ohne weiteres zu gewinnen. M'r kommt als umtriebiger Beamter auch ziemlich 'rom im Ländle und erfährt als »Insider« so manches, wovon weniger vertrauenswürdige Ohren geflissentlich verschont blieben. Und die Aura der Vertrauenswürdigkeit strahlt der Herr Ministerialrat Jandl zweifellos aus. Ja, in unerschütterliche Ernsthaftigkeit scheint allein schon sein Mienenspiel gegossen. Wo immer er auch geht und steht, dieser Menschenfreund guckt – mit Verlaub – gewöhnlich drein, als hätte er auf nüchternen Magen drei Franzosen mindestens verdruckt. Vom Schalk, der dem Ralf Jandl allemal und in Treue fest im Nacken sitzt, jedenfalls entdeckt der unbedarfte Beobachter auf Anhieb keine Spur. Ein Umstand, der diesen Satiriker in Beamtengestalt jedem einschlägigen Verdacht enthebt und seinem stets wachen Alter ego Karl Napf so manchen Fund beschert, der sich trefflich zu einer literarischen Kostbarkeit schleifen läßt.

Als Hörspielautor und als Geschichtenerzähler beschreibt uns dieser Karl Napf also seit reichlich zehn Jahren die schwäbische Provinz der Gegenwart. Er breitet sie als eine Weltgegend vor uns aus, in der sich's – bei aller Unvollkommenheit ihrer Einrichtungen und ihrer Bewohner – doch einigermaßen auskömmlich leben läßt. Und daß es ihn nach solch ausgiebigen Studien jesesmäßig danach gelüstet hat, tiefer auch in die verborgeneren Schichten der schwäbischen Seele vorzudringen, ist kaum verwunderlich. »Der Schwabe als solcher« steht da

nun also in seiner ganzen Größe vor uns. Heimlich unheimlich erscheint er uns manchmal im Brennspiegel von Karl Napfs Beobachtungskunst, meistenteils jedoch unheimlich anheimelnd. Hin- und hergerissen ist dieses Wesen zwischen dem Drang nach Weite und dem Hang nach Nähe. Mit einem Fuß steht der Schwabe in der Blumenwiese katholischer Sinnenfreude, mit dem anderen auf dem kargen Acker des Pietismus. In einem Ohr klingt ihm bis heute die strenge Predigt eines Philipp Matthäus Hahn nach, der sich nicht nur am 12. September des Jahres 1784, doch an jenem Tag besonders heftig, die allerchristlichste Mühe machte, seinen Echterdinger Pfarrkindern die Lust am Tanzvergnügen gründlich zu vergällen:
»Und was das Tantzen betrifft, so schickt sich solches zu keiner Kirchwey ... wie sich überhaupt das Tantzen für keinen wahren Christen schickt, in dem weder Christus noch seine Apostel getantzt, sondern vielmehr durchs Leyden ins Reich Gottes eingegangen sind«, donnerte er an jenem denkwürdigen Tag von seiner Kanzel. Wie gnädig und verständig klingt's dagegen im anderen Ohr nach der Weise des oberschwäbischen und katholischen Seelenhirten Michael von Jung, der seinen Schäflein und Böcklein diesbezüglich zwar auch zur Mäßigung riet, sie jedoch nicht ganz und gar zur Enthaltsamkeit im Tanze verdammte:
»Es tanzen zwar die Weisen auch, doch nur sich langsam drehend, sie tanzen mit Vernunftgebrauch und nur vorübergehend und prägen uns die Lehre ein: Beim Tanzen muß man mäßig seyn als wie in allen Dingen.«
Daß es Schwabe und Schwäbin mittlerweile auch im anregend spielerischen Umgang miteinander saumäßig weit

gebracht haben, das beweist uns trefflich jene köstliche Anekdote vom berüchtigten »Heilbronner Brezelspiel«, dieser geradezu phantastischen Variante des Partnertauschs, die Karl Napf in seinem Kapitel von der »Schwäbin als Liebhaberin« ganz am Rande erzählt. Ein kleines Wagnis vielleicht, bedenkt man die Weite des nicht ausschließlich jugendbewegten Leserinnen- und Leserkreises, den Karl Napf um sich geschart hat seit seinem literarischen Debüt im Horber Lokalteil des »Schwarzwälder Boten«. Aber so ist's halt no au wieder: Nicht nur die Tugend der Unbestechlichkeit ziert den wahren Satiriker. Auch ein gerüttelt Maß an Courage braucht's zu diesem menschenfreundlichen Geschäft.

Helmut Engisch